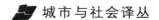

城市与社会译丛

威尼斯与阿姆斯特丹

十七世纪城市精英研究

VENICE & AMSTERDAM

［英］彼得·柏克 著　　刘君 译　刘耀春 校

商务印书馆
SINCE 1897
The Commercial Press

本译丛为

教育部人文社科重点研究基地上海师范大学都市文化研究中心
上海高校都市文化 E‐研究院　　规划项目

《城市与社会译丛》弁言

　　一、城市研究(Urban Studies)是一门新兴的前沿学科,主要研究城市的起源、发展、嬗变以及这一进程中出现的各类问题。目前已出现了众多与这一领域相关的学科,如城市社会学、城市历史学、城市政治学、城市人类学、城市地理学、城市生态学、城市气象学等。从广义上讲,上述学科都可以归入城市文化研究(Urban Culture Studies)这一范畴。可见城市文化研究的一个重要特点是跨学科性,它综合各门人文科学的优势,吸收不同的观念与方法,以独特的视角研究城市文化的历史、现状与未来。而当代中国正处于急剧转型时期,城市化的速度越来越快,伴随这一进程也出现了一系列问题,因此这一研究不但有着重要的学术价值,而且有着现实关怀的实际意义。因此,翻译一套城市文化研究丛书实属必要之举。

　　二、城市是一个个不断发展的文化载体,城市一经出现,其内涵也就在不断地发生变化,就这个意义而言,城市的诞生也就意味着城市文化的诞生,城市文化随着时代的嬗变也呈现出不同的面貌,流光四射,因而研究的方法也多种多样,切入的角度也各不相同。放眼城市研究,比较成熟的研究属于城市社会学、城市历史学、城市人类学这三大学科,三者自然也就成为城市研究的三大支柱,这也是我们这套丛书选题所特别关注的。

　　三、根据我国城市研究的现状,拟将本丛书分为两个系列,即大学教材和专题研究,便于实际教学和深入研究。为了给广大读者奉献一套国内一流的城市与社会译丛,我们既定的编辑出版方针是"定评的著作,最佳的译者",以期经受得住时间的检验。在此,我们恳请各位专家学者,为中国城市研究长远发展和学术进步计,能抽出宝贵的时间鼎力襄助。同时,我们也希望本译丛的刊行,能为推动我国的城市研究和学术薪火的绵延传承略尽微薄之力。

编　者

2009 年 10 月 30 日

商人惯常将钱主要用于有利可图的事项；而纯粹的乡绅习惯把钱用在花销上。前者常常看着钱离开并带着利润返回；后者一旦钱离手则很少再指望看到它。习惯的不同自然影响了他们在所有事务上的脾气和禀性。商人通常敢作敢为；乡绅做事畏首畏尾……此外，商人经商自然养成的有条理、节俭和专注的习惯，使他更适合任何开拓性事业，并能获得利润和成功。

——亚当·斯密《国富论》第三卷第四章

目　　录

插图目录

致　谢

撰写本书第一版时我欠下许多人情债。利华休姆信托基金会使我能够在威尼斯和阿姆斯特丹开展必要的研究,我在 1972 年成为该基金会"欧洲研究"的一名研究员。威尼斯国家档案馆(Archivio di Stato)与阿姆斯特丹市立档案馆(Gemeente Archief)的工作人员,特别是弗朗切斯卡・玛利亚・提埃坡罗(Francesca Maria Tiepolo)和已故的西蒙・哈特(Simon Hart)提供了建议、信息和鼓励。与以下诸君的讨论也使我获益良多:威尼斯的加埃塔诺・科齐(Gaetano Cozzi,本书经常引用他的著作)、曼彻斯特(大学)的布赖恩・普兰(Brian Pullan)、伦敦大学的克恩拉德・斯沃特(Koenrad Swart)、莱顿大学的伊沃・舍费尔(Ivo Schöffer)、剑桥大学已故的查尔斯・威尔森(Charles Wilson)以及我的朋友里卡尔多・斯坦纳(Riccardo Steiner)。我最初接触这一课题,是在萨塞克斯大学讲授一门有关"贵族和精英"的课程时,与选修该课程的学生们的讨论极大地澄清了我的思路。与威尼斯同行们的交流同样如此,他们是:比尔・布朗(Bill Brown)、亚历克斯・科万(Alex Cowan)、奥利弗・洛根(Oliver Logan)、爱德华・缪尔(Ed Muir)、吉姆・威廉森(Jim Williamson)。本书部分内容曾在爱丁堡大学和伦敦大学讲过,也在 1972 年皇家历史学会在牛津大学举办的"城市文明"学术会议上宣读过。事实证明,当时学者们提出的许多建议都大有助益。约翰・黑尔(John Hale)、鲁珀特・威尔金森(Rupert Wilkinson)和毛里斯・坦普尔・史密斯(Maurice Temple Smith)阅读了本书的打印稿,并提出了宝贵的改进意见。

在准备本书的第二版期间,最要感谢赫尔曼・勒登堡(Herman Roodenburg）为我编写 1974 年以来有关阿姆斯特丹的一份研究书目。我也要感谢马里克·迈尔·德雷斯（Marijke Meier Drees）小姐馈赠她的学位论文；感谢鲁道夫·德克尔（Rudolf Dekker）、S. A. C. 杜多克·范·黑尔（S. A. C. Dudok van Heel）、弗洛里克·埃格蒙德（Florike Egmond）和莱昂纳德·福斯特（Leonard Foster）让我接触到荷兰社会和文化史的最新著作；感谢 H. 夸勒斯·范·于福德（H. Quarles van Ufford）提供有关阿姆斯特丹精英乡村地产的信息。1991 年，主题为"阿姆斯特丹：北方威尼斯"的展览在阿姆斯特丹举行，当时组织的讲座和研讨会引发了我对这个题目的兴趣。我也要感谢这些活动的组织者赠送我亨利·阿瓦尔（Henri Havard）的《阿姆斯特丹与威尼斯》（*Amsterdam et Venice*）。

第二版导言

自我开始研究 17 世纪的威尼斯和阿姆斯特丹,二十年已经过去了。其间,已有大量关于这两座城市及其环境的书籍和文章问世。更重要的是,历史写作的方式已经发生了一些重大变化。这篇导论性文章旨在对这些变化(以及对本书第一版的反应)做些个人评论,我将依次讨论三个主题:比较研究法、精英研究以及人们有时所说的"新文化史"。

比较研究法

在 20 世纪 70 年代,比较史当然并非什么新观念。在 20 世纪早些时候,一些历史学家,如比利时人亨利·皮雷纳(Henri Pirenne)、法国人马克·布洛赫(Marc Bloch)和德国人奥托·欣策(Otto Hintze)已在倡导并实践比较史,而一份专用于这一主题的刊物——《社会和历史比较研究》(*Comparative Studies in Society and History*)——也于 1958 年创刊并延续至今。我仍然相信这种历史研究路径的价值,并且基于本质上相同的理由。

首先,对关心某个特定社会(如尼德兰)的历史学家来说,将其与世界其他部分进行比较(和对照),会使他或她注意到那个社会某些(不做比较就可能被忽略的)特征,以及同样重要的,注意到某些重要的缺失。其次,比较在我们寻求解释时极有帮助。我写这本书(时值我讲授社会学和历史学)的一个原因,就是想验证从维尔弗雷多·帕雷托(Vilfredo Pareto)到 C. 赖特·米尔斯(C. Wright Mills)的那些关注精英的社会理论家的结论。① 最近有一项关于法国、俄国和中国革命的出色研究,按照该书作者的话说,比较历史分析使一种更缜密的研究路径成为可能,它事实上"充当了协调理论与历史的一种理想策略"②。

我得承认,我期望比较史能获得较之20世纪七八十年代更大的关注和更迅速的发展。本书最初是我为出版商毛里斯·坦普尔·史密斯主编的一套丛书中的一种,该丛书包括一项对法国北部和日本封建制度的研究,一项对拜占庭和保加利亚的研究,以及一项关于第二次世界大战以来不列颠与美国的研究。③ 这套丛书不了了之,主要是因为很难找到胜任的作者,在我试图为牛津大学出版社策划一套类似的丛书时遇到了同样的难题。

在其他地方也会遭遇这样的经历。甚至《社会和历史比较研究》上刊登的文章一般也集中于某个地区,只是含蓄地比较。不过,还是有了一些变化的迹象。一方面,越来越多的社会学家转向(或更确切地说回归)历史而不放弃比较分析的兴趣,他们的大师埃米尔·涂尔干(Émile Durkheim)和马克斯·韦伯(Max Weber)作了出色的示范。另一方面,一些历史学家正转向比较。约翰·埃利奥特(John Elliott)对两位敌对政治家红衣主教黎塞留(Richelieu)和奥利瓦雷斯(Olivares)伯爵的研究以及卡洛·金茨堡(Carlo Ginzburg)对巫师安息日的研究,虽然无论主题还是风格都大相径庭,但均注重比较法,同时一项从比较的角度撰写尼德兰历史的计划正在进行之中。④

xiv　　比较研究的趋势在研究非洲和亚洲的史学家中尤为明显,这或许是他们比研究欧洲的专家更深地投入世界历史教学的缘故。新丛书"剑桥比较世界史研究"既显示又鼓励了这一趋势。如今,牛津大学近代史荣誉学院已经有一篇关于比较史的论文。比较史似乎终于从边缘

---

① 关于历史和社会理论的进一步反思,参见 Peter Burke (1992)。
② Skocpol (1979).
③ Lewis (1974); Browing (1975); Snowman (1977).
④ Elliot (1984); Ginzburg (1989); Davids et al (1988).

进入了主流。

那么让我们期望,现在会有一位或一群史学家着手对欧洲及其各个地区进行一项更严肃的比较研究,写出一部欧洲东西南北文化差异的历史,内容从物质生活(橄榄油与黄油、葡萄酒与啤酒等)到家庭结构、宗教和政治文化不一而足。① 这样一项研究将使我们能够判断,剑桥大学人类学家艾伦·麦克法兰(Alan Macfarlane)关于英国与欧洲大陆的著名对比,是不是应该被重新界定为西北欧与南欧和东欧的对比。② 威尼斯和阿姆斯特丹的比较和对照正是需要被置于这一广阔背景之下。

精 英 研 究

在过去二十年中,对一般精英,特别是对城市显贵的研究,已经吸引了越来越多史学家的关注,尤其是在意大利、德国和荷兰(在这里,多亏了已故的丹尼尔·J. 鲁尔达(Daniel J. Roorda),这个主题被纳入了莱顿大学的集体研究项目)。③ 但除了詹姆斯·阿梅朗(James Amelang)对 16、17 世纪巴塞罗那的研究,研究显贵的文化和心态以及财富与权力的历史学家相对较少。④ 这些有关精英的研究大都使用了计量方法,在个人计算机的时代这是可以想见的,他们的许多结论都是基于"群像研究"(prosopography),即一个社会群体的集体传记。计量研究法的一个好处是它便利了精英群体之间的比较。

然而正如本书第一版已经提到的(见本书边码第 11 页),如何对用这些方法研究的群体进行界定仍然是有问题的。首先,分别拥有最

---

① 1992 年,安东尼·毛察克(Antoni Mączak)和马尔滕·波拉(Maarten Prak)在巴黎组织了一个关于"14 至 18 世纪欧洲不同地区间的关系演进"的研讨会。

② Macfarlane(1978).(此书有中文译本:《英国个人主义的起源》,管可秾译,商务印书馆 2008 年版。——译注)

③ 在许多可能的例子当中,参看集体著作《显贵》(*Patriziati*,1978);Ehbrecht(1980);Tagliaferri(1984);Schilling & Diederiks(1985)。

④ Amelang(1986).

多权力、财富和地位的群体通常会重叠,但很少完全重合。① 我们可用以下明显的事实为例,说明精英地位这三个标准的不一致:本书研究的563位个体都是男性。选择的理由当然是,他们在高级官职被男子垄断的社会中身居高职。另一方面,他们的妻子、女儿和姊妹在某种程度上分享了他们的地位以及财富(在较低程度上),因此有理由认为她们本应在本书中更频繁地出现。

权力的情况也存在问题,权力是比财富甚至地位更难把握的研究对象。唯一能想见的是官方职位与非官方影响力的对比。在威尼斯以及阿姆斯特丹,你很难发现所谓的"显贵的边界"。例如在威尼斯,17世纪晚期贵族中的新进成员当然很富有,但他们获得地位需要很长时间,行使权力需要的时间甚至更长。

相反地,1675年,当时有个人罗列的100位威尼斯最显赫的政要中包括了一些不是特别富的人。② 可以说荷兰也有类似的情况。最近一项关于18世纪莱顿统治阶层(the regents)的研究表明,他们并未像垄断权力那样垄断诸如土地、乡村别墅和四轮马车之类的地位象征。只有半数官员拥有乡村别墅,该地区一半的别墅属于莱顿的其他居民。③ 在阿姆斯特丹,若认为市政府官员垄断着大笔财富则更不明智。你只要想想阿姆斯特丹的一些塞法尔迪(Sephardi)犹太人,比如安东尼奥·洛佩丝·苏阿索(Antonio Lopes Suasso),他们的财富可通过以下事实估测:他们为军队供应粮食、军饷和弹药。这些有国际联系的圈外精英值得单独进行一项集体传记研究。④

使情况变得更复杂的是:我们寻找的社会边界在这一时期正发生着变化。与该时期初相比,阿姆斯特丹的官员到该时期末已不再仅仅是一个精英群体,即一个排他性的社会团体。1580年时,他们不可能

xvi

---

① Cf. Burke (1993b).
② Cowan (1982, 1986).
③ Prak et al (1985).
④ Israel (1985),原书第127页(即本书边码)里有简短的叙述。

自认为与其商业同行有什么不同,但到 17 世纪晚期他们却极有可能这么想,那时一个名叫威廉·卡尔(William Carr,可能重复了此时荷兰司空见惯的看法)的英国访客评论说:"在荷兰,艰苦朴素的古老生活方式几乎彻底过时了……如今荷兰人建起了庄严的宫殿,拥有赏心悦目的花园和娱乐场所。"①这无疑正是"贵族化"这一术语的重要内涵之一,彼得·海尔(Pieter Geyl)正是在这一语境中创造了这个词,但使其发扬光大的是丹尼尔·J. 鲁尔达。这个词有时受到批评,因为它似乎意味着统治阶层真正变成了贵族,而不是简单地模仿贵族生活方式的某些方面。②

在威尼斯,从贸易向土地的转移(本书最后一章将讨论这个问题)也导致了显贵阶层内部的分化。富有家族或元老家族——精英中的精英——正日益严格地使自己区别于其他人。③ 17 世纪 20 年代,贵族"煽动家"雷尼尔·泽恩(Renier Zen)*以共和平等(换言之即显贵内部的平等)为名强烈抗议的,正是这种"王侯们的共和国"(republic of princes)日益发展的趋势。

在 16 世纪的佛罗伦萨,以及威尼斯的姊妹共和国热那亚也有类似的发展趋势。④ 最近热那亚成了一些重要研究的对象,这些研究集中于 16、17 世纪热那亚的统治阶层。⑤ 据称,在热那亚也有少数显贵家庭,如贷款给西班牙国王的帕拉维奇诺家族和斯皮诺拉家族的分支,其举止做派就好像优越于其他人。在 17 世纪早期的热那亚,自由、平等和节俭的传统共和价值观的代言人是一个名叫安德烈亚·斯皮诺拉(Andrea Spinola)的小贵族,时人戏称他为"哲学家"。他对自己时代的反思有许多手稿抄本传世,表明这些手稿当时曾私下流传。并不令人意外地,我们发现斯皮诺拉不仅仰慕古罗马和斯巴达,也仰慕现代的瑞

xvii

① Carr (1688), 102.
② Roorda (1964); Dijk & Roorda (1971).
③ Scazzoso (1985); Cozzi (1986).
④ Kellenbenz (1958).
⑤ Grendi (1976); Costantini (1978); Savelli (1981); Bitossi (1976, 1990).

士和荷兰共和国。

新 文 化 史

  计量史学可能在 20 世纪五六十年代达到了顶峰。到 20 世纪七八十年代出现了对计量史学的反动,经济决定论也一并遭到了摒弃。马克思主义和非马克思主义史学家都发现了文化的相对自主性,人们日益频繁地在更宽泛的、人类学的意义上使用"文化"一词,而不是局限于文学和艺术领域。对历史人类学的兴趣(某种程度上以牺牲社会学为代价),以及对"微观史学"(micro-history),即对一些小到无法使用计量方法的社会和群体的深入研究的兴趣也开始兴起。微观史学家的目标更多是复原社会变迁的经历,而不是分析其"原因",其基本观念是普罗大众的自主性(当然是有限度的),普罗大众日益被看作主体,而不仅仅是历史研究的客体。① 对新题目的兴趣与新资料的使用有关,其中包括图像,图像不仅被用来装饰或图解文本,而且构成了论据的一部分。

  本书写于 20 世纪 70 年代早期,业已受到适才描述的潮流的影响。本书关注的是一个很小的群体,即 563 位个体,因为这样才能逐一对他们进行研究(书中他们的名字出现时一律用星号作标示),从这个意义上说本书是一种微观史。因为这个群体很小,尝试布罗代尔所说的"整体史"(total history)比通常的风险要小一些,即用类似社会人类学家(也研究小型社会和群体)的方式研究社会生活的不同方面并将其联系起来。事实上,本书有时借用了社会人类学的概念,最明显的是马克斯·格卢克曼(Max Gluckman)的"世仇中的和平"(见本书边码第38 页)和埃尔温·戈夫曼的(Erving Goffman)的"前台"(fronts)与"自

xviii

---

  ① Le Roy Ladurie (1975) & Ginzburg (1976),自那以后,有大量(若不是成百)的研究模式;G. Levi (1991)的一般讨论。

我呈现"的概念(见本书边码第 111 页)。本书关切广泛意义的文化,有时从历史心理学的角度进行研究,比如对早断奶后果的讨论(见本书边码第 85、89 页),其中我们将 17 世纪的材料与梅拉尼·克莱因(Melanie Klein)和埃里克·埃里克松(Erik Erikson)的假说做了并置。本书出版于 1974 年,问世太早,故未能利用法国人类学家和社会学家皮埃尔·布尔迪厄(Pierre Bourdieu)的"习性"(habitus)概念,即一种包括仪态、姿势以及心态的文化风格,但本书对贵族生活方式的讨论与之不谋而合。①

　　本书明显使用了计量方法,但也运用了文学材料,如克里斯托福罗·伊万诺维奇(Cristoforo Ivanovitch)和扬·福斯(Jan Vos)的诗作、弗朗切斯科·卡瓦利(Francesco Cavalli)的歌剧、约斯特·范·登·冯德尔(Joost van den Vondel)的戏剧,以及图像资料:从描绘威尼斯贵族在泄湖上射猎飞禽的版画和素描,到伦勃朗(Rembrandt)和巴尔托洛梅乌斯·范·德·赫尔斯特(Bartolomeus van de Helst)表现阿姆斯特丹民兵的绘画。我们的论述有时还依据了此种视觉证据:从威尼斯贵族捕猎飞禽用的眩晕弹,到阿姆斯特丹统治阶层向一种更注重感官享乐的价值体系的转变——其标志就是从黑衣转向华服,正如科内利斯·特罗斯特(Cornelis Troost)的一幅画展示的。考虑到画面细节提供的诸多线索,历史学家不由得会对一幅画的失传感到遗憾,即彼得罗·马洛布拉(Pietro Malombra)描绘威尼斯政治集市或"碰头会"(broglio)的绘画。②

　　图像是社会史不可或缺的资料(例如,不借助图像如何复原 17 世纪的仪态或姿势?),但运用图像并非易事。如今我比以往更拿不准的是,儿童肖像的存在(包括格雷夫家族的一些夭折的婴儿,画家描绘了他们在褴褓中的形象,见图 2)是不是说明儿童不仅仅被作为家庭一员　　xix

---

① Bourdieu (1972), 78-87. 关于意大利人的姿势,参考 Burke (1991a)。
② Ridolfi (1648), vol. 2, 157.

图1 贵族游玩:贵族们在威尼斯泄湖上用枪和弹弓(archi da balle,一种弹射陶弹丸的弓)打飞禽。

图2 甚至早夭的婴儿也在艺术中被纪念,但不是作为个体,而是作为显赫的贵族家庭的成员(就这幅图而言是德·格雷夫家族)。

展示出来,而是他们被作为个体认真对待的一个标志。在较有把握地解读一个图像之前,我们需要知道它是缘何被制作的。比如,后来当上市长(burgomaster)的威廉·范·隆(Willem van Loon)*两岁时的肖像画,画中,孩子身穿丧服这一点很可能大有深意。① 有一些描绘民兵的

---

① 这一细节是由 Herman Roodenburg 给我指出的。

画,其中画中人更关注刀叉和玻璃酒杯而不是他们的武器,我们要记住这些画呈现的不是日常生活,而是一个特殊事件,即庆祝 1648 年《威斯特法利亚和约》的签署,该和约结束了荷兰人所说的"八年战争"。

图 3　两岁半的威廉·范·隆*(1633—1695 年)。此人 50 年后成为市长。

　　尽管如此,历史学家还是不能承受忽略视觉证据的后果。他们需要避免或克服计量方法与定性方法的虚假二分法,比如社会学与人类学,微观层面与宏观层面以及内部理解和外部分析。简言之,我们必须超越表面对立的立场并取得一个综合。1974 年时我尝试这样做,今天我仍然试图这样做。

　　当然,如果是现在开始写这本书,结果可能有所不同。不过,不同可能会表现为更详细地发展 1974 年勾勒出的那些路径,而不是引入什么新东西。有个例外,即大众文化,这是我在 1973 年完成《威尼斯与阿姆斯特丹》后转向的主题,我把它定义为普通人的态度、价值观和心态,它们通过文本、艺术品和表演获得表达、体现和象征。①

　　一项对精英的研究竟会讨论大众文化,这听起来或许有点奇怪,因此交代一下原委可能有益。无论历史上是否存在精英文化与大众文化判然有别的时期,17 世纪不在此列。这一时期的欧洲精英可被合理地描绘为"文化两栖的"(bi-cultural)。他们享有一种普通人不能分享的文化,一种包括古典文学、巴洛克艺术和当时所谓"机械哲学"(或我们所说的"科学")的文化。另一方面,他们又参与大众文化,以此作为第二文化。他们了解并常常欣赏大众艺术品和表演。如果不这样做,他们会发现很难与妻子和女儿(她们通常被排除在当时的大多数"高级"文化之外)沟通。

xx

　　无论如何,我们知道许多威尼斯贵族参加狂欢节,正如我们知道诗人彼得·霍夫特(Pieter Hooft,科内利斯·P. 霍夫特之子)喜爱民歌。雅各布·卡茨(Jacobs Cats)是泽兰省(Zeeland)统治阶层的一员,一位爬到荷兰大议长(grand pensionary)职位的成功律师,但他的诗很快成了荷兰大众文化的一部分。② 在荷兰共和国,精英文化与大众文化之间的屏障似乎特别容易被渗透,以至于谈论介于两者之间的一种"中产阶级文化"可能有益,前提是不要把它想象为一种专属于商人的文化,或是与"高雅文化"和"低俗文化"截然不同的文化。③ 在这方面,阿尔瑞特·范·奥弗贝克(Aernout van Overbeke)的例子颇有教益。此人属于统治阶层,生活在莱顿和海牙,他收集的 2 440 则逸闻趣事或笑话表明他是

① Burke (1978).
② Huizinga (1932), 65 - 67; Renier (1944), 145 - 161.
③ Burke (1978), ch. 2; Burke (1979); Deursen (1978 - 1980).

文化双栖者,轻松自如地穿梭于高雅文化和低俗文化之间。①

大众文化的历史融入了日常生活的历史,它在德国被称为"日常生活史"(*Alltagsgeschichte*),即一种接近历史人类学的路径。日常生活在本书第一版已占有一席之地,但相关的篇幅本来很容易扩展。如今,我因为当时处理过于简略而留有遗憾的(也是我自那时以来着手研究的)题目还包括"炫耀性消费"、礼貌、语言、姿势和社交。②

就消费来说,有关艺术资助的部分尤其容易拓展,艺术收藏的部分也是如此,过去二十年来已有大量关于艺术收藏的著述,现在还有了一个专门刊物《收藏史学刊》(*The Journal of the History of Collections*)。③比如就威尼斯来说,指出一点或许很重要:马尔坎托尼奥·巴尔巴罗(Marcantonio Barbaro)*不仅是重要的艺术赞助人,也是威尼斯政府的艺术顾问,负责诸如已故总督·尼科洛·达·蓬特(Doge Nicolò da Ponte)*的墓碑以及里阿尔托桥的设计等。④ 我们还可以补充,卡洛·里多尔菲(Carlo Ridolfi)(他对威尼斯艺术的叙述是研究精英艺术赞助的重要资料)的书,是在威尼斯总督弗朗切斯科·埃里佐(Francesco Erizzo)*的鼓励下写成的,或者尼科洛·萨格雷多(Niccolò Sagredo)*的艺术热情扩展到了萨尔瓦托·罗萨(Salvator Rosa)、卡洛·马拉塔(Carlo Maratta)以及普桑(Pussin)。⑤

就阿姆斯特丹的艺术赞助而言,值得一提的是,古典学者 J. C. 格雷菲乌斯(J. C. Graevius)将一本著作题献给约安内斯·胡德(Joannes Hudde)*和约安·科尔韦尔(Joan Corver)*;剧作家托马斯·阿瑟莱恩(Thomas Asselijn)把讲述两位古罗马"市长"的戏剧《伟大的元老》(*Den Grooten Kurieen*, 1657)题献给阿姆斯特丹市长科内利斯·德·弗拉明·范·奥特舒恩(Cornelis de Vlaming van Outshoon)*,而把以城市

---

① Overbeke (1991).
② Burke (1982, 1987, 1991a).
③ Impey & Macgregor (1985); Pomian (1987).
④ Gaeta (1964).
⑤ Rosa (1939), no. 22; Bellori (1672), 586f.

叛乱为主题的戏剧《马萨尼埃罗》(*Mas Anjello*，1668)①题献给另一位市长科内利斯·范·弗龙斯维克(Cornelis van Vlooswijck)*的儿子。再有，市长赫里特·雷因斯特(Gerrit Reynst)*不仅拥有一座豪宅，而且收藏了大量绘画，其中一些是意大利画家的作品，当时有一篇描绘阿姆斯特丹的文章专门提到他的收藏，形容其"誉满全城"。② 建筑师阿德里安·多尔斯曼(Adriaan Dorsman)为一些精英建造的城市府邸也值得一提。

　　然而，完善对这些事例的解释比补充更多具体事例更为重要。例如，阿姆斯特丹统治阶层对艺术的日益关切或许应被看作其贵族化的一个象征，而他们中一些人对来自意大利、法国或尼德兰南部的艺术家，如阿图斯·奎林(Artus Quellin)的偏好表明，他们已经从当时的大众文化中退出。③

　　如今，我会更注重(遵循诺贝特·埃利亚斯的理论)当时显贵(或至少显贵中的一部分人)认为的为维持家族荣誉"奢华地生活的责任"——一位17世纪的那不勒斯律师如是说。同样(遵循皮埃尔·布尔迪厄的理论)，我会更强调炫耀式消费作为一个家族使自己区别于同类家族(和竞争家族)以及低级家族的策略。④ 旧富和新贵都参加了这种竞争。17世纪60年代，当新近获封贵族的文琴佐·菲尼(Vicenzo Fini)*让人把他的名字刻在威尼斯圣莫伊塞(San Moisè)教堂的正立面上时，你或许认为其行为就像一个粗鄙的"暴发户"，但要补充的是，他这样做不过是仿效诸如法尔内塞家族、博尔盖塞家族和阿尔多布朗迪尼家族等教皇家族在罗马、弗拉斯卡蒂等地的做法。

xxii

---

　　① 这部剧本的全名是《马萨尼埃罗兴衰记》(*The Rise and Fall of Mas Anjello*，1668)，又名《那不勒斯的骚乱》(*The Disturbance in Naples*)，这个剧本隐含的政治寓意是不合理的沉重赋税将引发民众的反叛。彼得·柏克在其《关于近代早期意大利的历史人类学研究》(*The Historical Anthropology of Early Modern Italy*，Cambridge，1987)的第14章专门讨论这次叛乱。——译注
　　② Asselijn, Meier Drees (1989), esp. 20ff, 147；Zesen (1664), 361.
　　③ Cf. Price (1974), ch. 6.
　　④ N. Elias (1969)；Bourdieu (1979).

我们也要强调传统的共和国和商人的节俭理想与贵族的奢华美德之间由来已久的矛盾，以及在 17 世纪从一种理想向另一种理想的逐渐过渡。对意大利城市的比较研究表明，威尼斯显贵的这一转变比较慢，这证实了一个假说，即鼓励这种消费方式的最大因素是君主及其宫廷的榜样作用。①

宫廷在传播新的行为、礼貌或礼仪（civilité，当时是一个常用术语，甚至在法国以外亦如此）标准方面亦影响巨大。在这里，也是诺贝特·埃利亚斯使人注意到"文明"（自我控制意义上的）长期发展的重要性，以及文明的物质形式的传播，如手绢和叉子。② 最近，受米歇尔·福柯（Michel Foucault）的启发，许多历史学家转向关注身体的社会史以及强加于身体的"规训"，不仅在军队和监狱，而且在为精英设立的学校中。姿势的历史日渐被承认为社会文化史（sociocultural history）的一部分。舞蹈史也是如此，舞蹈教导贵族青年自我控制，并有助于培养一种仪态风格（或如布尔迪厄所说的，一种身体"习性"），这能使他们区别于社会下层。③

社会史家从社会语言学家或研究交往的民族志学者那里学会了关注选择说何种语言的意义。历史学家也比以往更认真地看待服装，并且像对物质文化的其他方面那样，把它作为一种交流形式加以研究。如今，甚至幽默也被认为有其历史，构成了心态史的一部分。④

承蒙这些社会文化史的新路子，我现在将以一种略微不同的方式撰写威尼斯和阿姆斯特丹精英的生活方式。有点意外的是，当我重读本书的第一版，我发现这些主题中有许多事实上已被简要提到了：比如威尼斯贵族的缄默和缓步慢行（见本书边码第 72、73 页）；形式多变的机智（见本书边码第 122、124 页）；从黑衣向华丽服饰转变的象征意

xxiii

---

① Burke (1982).
② N. Elias (1939), vol. 1.
③ Porter (1991) 里有一个综述；cf. Bremmer & Roodenburg (1991)；苏黎世大学的鲁道夫·布劳恩（Rudolf Braun）正从这个视角撰写一项关于近代早期舞蹈的研究。
④ Burke (1987) 里的综述；关于服饰，Roche (1989)；关于幽默，Thomas (1977).

义,以及众所周知的荷兰人的整洁(见本书边码第 89—90 页)。

虽然如此,这些简要论述很容易被扩充,新近一些研究表明了这一趋势。例如,彼得·斯皮伦堡(Pieter Spierenburg)已经注意到,在 17 世纪的荷兰共和国有关礼貌的论著不断再版,特别是安托万·德·库尔廷(Antoine de Courtin)的《礼仪新论》(*Nouveau traité de civilité*)。西蒙·沙马(Simon Schama)指出,荷兰人对整洁的关切,特别是打扫房屋和擦拭家具,具有一种象征意义,是对"区分的肯定"。① 与此对照,在威尼斯,一位 17 世纪晚期英国访客的评论或许值得注意,他说在威尼斯总督宫,建筑物的美"被那些沿着总督府步行并留下标记的人的粗野行径大大玷污了,仿佛它并不是一座如此高贵的宫殿,而只是一处普通的办公场所"②。

在一项有关 17 世纪精英的研究中,语言也应有一席之地。在 17 世纪,阿姆斯特丹的统治阶层日益使用法语——就像托尔斯泰(Tolstoy)时代俄罗斯贵族使用法语一样,这是区分精英和大众的象征性表达之一,应该被补充到下面(本书边码第 129 页以下的内容)要讨论的阿姆斯特丹精英"贵族化"的符号清单中。③

另一方面,在威尼斯,特别需要强调的是,贵族至少在某些场合继续使用当地方言直到 18 世纪。法庭上使用的是威尼斯语而不是标准意大利语,而且它一直是诗歌的语言(例如安东尼奥·奥托本*的抒情诗)。在这些情况下,我们也可以将这种现象解释为对区分的肯定,是对威尼斯人不愿丧失其集体身份的愿望的肯定。④ 正因为如此,威尼斯贵族的名字采用了方言形式,比如卢纳尔多(Lunardo)而不是莱昂纳多(Leonardo),祖安(Zuan)而非乔瓦尼(Giovanni)。

另一个值得详细讨论的主题,是法国史学家毛里斯·阿居隆

xxiv

---

① Spierenburg (1981);Schama (1987),380.
② Burnet (1686),130.
③ Willem Frijhoff 许诺进行关于这个题目的研究。
④ Vianello (1957). 关于用威尼斯方言写成的诗歌,参考 Dazzi (1956)。

(Maurice Agulhon)所说的形式多变的"社交"(sociability),尤其是两个城市的精英所属的各种自愿团体,从文学团体到军事团体不等。① 威尼斯有宗教互助会、剧社(见本书边码第 115 页)和学会[仅 17 世纪就成立了 60 多个学会,其中有些学会得到了像安杰洛·莫罗西尼(Angelo Morosini)*和塞巴斯蒂亚诺·索兰佐(Sebastiano Soranzo)*这样的精英的保护]。在阿姆斯特丹,我们不仅应提到民兵,即著名的"市民卫队"(schutterij),还要提到修辞学社,特别是"雅社"(De Egelantier)。在 17 世纪早期,该组织的成员均来自显赫的贵族家庭,如科尔韦尔、霍夫特、海德科珀、帕乌、雷亚埃尔和雷因斯特。②

xxv 我仍然怀疑,这些机构是否体现了约翰·赫伊津哈(John Huizinga)所说的"文化中的游戏因素"的重要性。说这些机构是"文化中的游戏因素",是因为它们本质上都是男性俱乐部,在这些俱乐部中,社交和"庆典共同体"的意识——通过仪式化的吃、喝和吸烟行为得到强化——与协会的正式目的至少同等重要,无论其正式目的碰巧是创作诗歌、戏剧或是保卫城市。③ 像阿姆斯特丹这样的城市中的俱乐部网络将是一个不错的学位论文题目。在过去二十年中,虽则有关这两座城市及其精英的研究著作在不断增加,但仍有很多亟待研究。希望本书的再版能鼓励进一步的研究。

本版对第一版做了修改,注释和参考文献吸收了最新的研究。

剑　桥

1993 年 6 月

---

①　Agulhon (1968),导言。

②　关于民兵,参见 Haverkamp-Begemann (1982), 37f;关于"雅社"(De Egelantier),参考 Kalff (1906 - 1912)。

③　Huizinga (1938);关于饮酒和社交,参见 Douglas (1988);关于庆典共同体,参考 Schama (1987), 178ff;关于男人聚会,参考 Völger & Welck (1990)。

缩略语

ASV	Archivio di Stato, Venice	威尼斯国家档案馆
BCV	Biblioteca Correr, Venice	威尼斯科雷尔图书馆
BL	British Library	不列颠(或英国)图书馆
BMV	Biblioteca Marciana, Venice	威尼斯圣马可图书馆
CS	Collaterale Successie (Registers of Collateral Succession in GA)	旁系继承(阿姆斯特丹城市档案馆的旁系继承等级)
EIP	Esame Istorico Politico (anonymous MS in BCV, Gradenigo 15)	政治史考察(威尼斯科雷尔图书馆的匿名手稿,格拉代尼格第15号)
GA	Gemeente Archief, Amsterdam	阿姆斯特丹城市档案馆
K	Dutch pamphlets, cited by their number in Knuttel's catalogue	荷兰小册子,根据其在克努特尔分类中的序号加以引用。
NNBW	*Nieuw Nederlands Biografische Woordenboek*, ed. P. C. Molhuysen et al., 10 vols, Leiden, 1911 – 37	《尼德兰人物传记》(P. C. 莫尔赫伊森等合编,10卷本,莱顿,1911—1937年)
RA	'Relazione dell'anonimo', in *Curiosità di storia veneziana*, ed. P. Molmenti, Bologna, 1919, 359 – 438	"匿名威尼斯报告",载 P. 莫尔门蒂(编)《威尼斯史趣闻》,博洛尼亚,1919年,第359—438页。
SV	Studi Veneziani (formerly *Bollettino di storia della società e dello stato veneziano*)	《威尼斯研究》(前身是《威尼斯社会与威尼斯国家历史学刊》)
VOC	Vereenigde Oost-Indische Compagnie (Dutch East India Company)	荷兰东印度公司
WIC	West-Indische Compagnie (Dutch West India Company)	荷兰西印度公司

第一章　精英研究

　　本书是一项比较社会史研究。① 社会史直到上一代,特别是在法国、美国和英国,才成了一个严肃的独立学科。社会史在方法上正变得与经济史一样严谨,此前很长一段时间它一直由业余爱好者和古文物学家们把持,正如评论家约翰·威尔逊·克罗克在谈及麦考利的《英国史》中著名的第三章时冷酷但正确地指出的,这些人搜集的只是一个五花八门信息的“古玩店”。造成这一问题的部分原因,是直至最近仍然流行的对社会史的消极看法,乔治·麦考利·屈威廉(George Macaulay Trevelyan)对社会史的著名定义就表达了这一看法,他说社会史是“剔除了政治的历史”。②

　　新社会史,或者人们有时所说的“社会的历史”(societal history),可被更积极地界定为对特定社群中的社会变迁的研究。在这里,“社会变迁”指社会结构,即构成社会的群体的变化。新社会史家试图将传统史学家特有的对细节的关注以及对历时性变迁的兴趣,与社会学家对问题的兴趣结合起来,在进行比较时亦如此。他们往往集中于特定地区的特定社会群体在一个世代、一个世纪或甚至更长时间的历史。浮现在我头脑中的 20 世纪五六十年代的例子有:埃利诺·巴伯(Elinor Barber)对 18 世纪法国市民阶层(bourgeoisie)的研究;汉斯·罗森堡(Hans Rosenberg)对普鲁士贵族和官僚的研究;爱德华·汤普森(Edward Thompson)对 19 世纪早期英国工人阶级的研究;劳伦斯·斯

---

① 　p. xii, and Redlich (1958).
② 　Trevelyan (1942), vii.

通(Lawrence Stone)对 1558 年至 1641 年英国贵族阶层的研究;马克·拉伊夫(Marc Raeff)对 18 世纪普鲁士贵族的研究;埃马纽埃尔·勒罗伊·拉迪里(Emmanuel Le Roy Ladurie)对 16 和 17 世纪朗格多克农民的研究。

至少研究贵族的历史学家能从对精英——贯穿本书,我们将其界定为地位、权力和财富三个标准较高的群体——的社会学研究中学到一些东西。① 精英社会学研究的主导人物是意大利人维尔弗雷多·帕雷托,他在 20 世纪初开始著书立说。帕雷托为自己的目的袭用了历史,历史学家也不妨利用他。

如同其他"功能主义者"(该路径的支持者常被这样称谓),帕雷托的社会模型是一种"体系",其中各个组成部分或元素相互作用,以产生他所说的"社会均衡"(social equilibrium)。不一定要接受一种宏大的一般理论,或者过于认真地看待这种与工程学的类比,社会学家也会发现这个概念对于考察经济、政治和文化因素在一个社会群体生活中的互动是非常有用的。帕雷托论证指出,社会均衡的一个重要机制就是他所说的"精英的流动"。他区分的精英类型包括"狮子型"和"狐狸型"——他向马基雅维利借用这两个概念原指军事集团和政治集团——以及经济领域的"食利者"和"投机者"。食利者本质上是依靠固定收入的人,而投机者(或许译为"企业家"更妥当)追求利润并冒更多风险。

帕雷托确实强调社会体系各部分之间的关系,他用这些术语不仅指这两类精英的经济基础,也指他们的思想和心理构成。企业家积极主动、富有想象力、热衷于革新,是该术语哲学以及经济意义上的"投机者"。食利者消极被动、缺乏想象力、保守。这一区分与本书卷首引用的亚当·史密斯(Adam Smith)对"商人"与"乡绅"的区分很相似,斯密也对两个群体的心理,或如他所说的"脾气与禀性"感兴趣。

与斯密不同的是,帕雷托不是企业家的支持者,他是中立的。他注

① G. Parry (1969) & G. Parry (1984) 是关于精英和贵族的一般简明入门读物。

意到,经济增长时期有利于企业家,而经济停滞或萎缩时期有利于食利者。然而,他论证说,这两个精英群体各有其社会功能:一个推动变化,另一个抵制变化。两种功能都是必要的。由食利者统治的社会可能停滞不前;由企业家统治者的社会则可能瓦解并陷入混乱。我们需要的是在两者之间取得一个明智的平衡。精英按照自己的利益行事,并不致力于社会平衡,但他们的互动导致社会平衡。每个群体都有影响社会的有意识的目标,但两个群体却未意识到其社会功能——换句话说,有意识的行为的无意识后果。①

帕雷托的理论出色并激动人心,但他的论述过于笼统,一个历史学家很可能会觉得不知所云。作为对这一"宏大理论"的补救,美国社会学家赖特·米尔斯写了《权力精英》(*The Power Elite*, 1956)一书,并由此使对这一主题的研究得到复兴。在这本充满激情和想象力的著作中,米尔斯考察了朝鲜战争期间美国的政治、商业和军事的等级体系,并强调它们"交织在一起"。他论证指出,一个"紧密和强大的"精英团体已经逐渐主宰了美国,商人和将军们影响着关键的政治决定,这是一件糟糕的事。米尔斯对这个精英团体的生活方式和态度谈论了很多,我努力在这方面效仿他。然而他的书引起的争议表明,要经验地验证精英理论,特别是要表明某一精英阶层构成了一个团结一致的群体是何等困难。

美国政治理论家罗伯特·达尔(Robert Dahl)清晰而优雅地提出了根本的方法问题。他把"统治精英"定义为少数人,在就关键的政治问题发生冲突的情况下,他们的偏向总能占上风。这一定义意味着,首先需要(1)一个界定明确的少数人群体、(2)冲突的情势、(3)少数人总能取胜的证据,否则"统治精英"这个术语根本无法使用。② 这可能是为了将精英的权力缩小为平息潜在冲突——例如通过掌握关键信息或

4

---

① Pareto (1916), paras 2233 ff.
② Dahl (1958).

通过把一些问题排除在议事安排之外,但它仍不失为一个有价值的提醒,提醒我们多么需要方法论的严谨。①

对于他提出的方法问题,达尔自己的解决办法是集中研究一个城市(纽黑文)做决策的过程。他论证指出,从 1784 年到 1842 年,"社会地位、教育、财富和政治影响力集中在同一些人手中",集中在他所说的"显贵"群体,即那些来自纽黑文古老家族的律师们手中。19 世纪中期,美国的工业化推动了社会变迁,显贵被"企业家",即拥有财富并获得了权力但缺乏较高地位的工业们取代了。达尔总结指出,到 20 世纪"寡头制"已被"多元制"取代,换言之,尽管纽黑文的一些"经济名流"和"社会名流"仍会影响某些政治决策,但财富、地位和权力已没有多少重叠之处。②

研究 17 世纪欧洲的历史学家能够从上述每位作者那里学到某些东西,事实上也能从最近其他有关精英的研究中获益。米尔斯和达尔都表明,最好还是研究拥有财富者、拥有地位者和拥有权力者的重叠之处。你可以借用帕雷托的"食利者"、"企业家"、"社会体系"和"社会功能"的概念。

达尔的例子还表明,如果对精英的研究集中于一个城市而不是一个民族,可能更好把握。在 17 世纪的欧洲,政治上足够独立从而能使我们有效运用这一研究路径的城市不多,但威尼斯和阿姆斯特丹在此类城市之列。这两座城市有某些明显的相似之处,当时的人(比如那时的旅行家们)对此亦有充分认识。③ 例如,1567 年,托斯卡纳人卢多维科·圭恰迪尼(Ludovico Guicciardini)称阿姆斯特丹是"北方的威尼斯"。1600 年,一位法国访客,即罗昂公爵(Duc de Rohan)评论说,阿姆斯特丹与威尼斯如此相像,"我发现两者在一切方面都有密切对应"。1618 年,威尼斯大使 A. 多纳(A. Donà)称阿姆斯特丹是"上升时

---

① Bachrach & Baratz(1962).
② Dahl(1961).
③ 尤其是 Havard(1876)。

的威尼斯"（*l'immagine della gia nascente Venezia*）。1650 年,阿姆斯特
丹的一个小册子作家指控有权有势的比克尔家族妄图攫取阿姆斯特丹
共和国,创造另一个威尼斯。①

　　在这一时期,两个共和国之间当然存在各种联系,但在这里我们不
讨论这个主题,也不讨论威尼斯政府模式在尼德兰的运用,或者反
之。② 我们将集中于比较,也就是说对二者的相似性和差异进行一项
系统的研究。17 世纪的阿姆斯特丹和威尼斯在许多方面极其相似。
在一个主要由君主国构成的欧洲,两个城市都是一个共和国最大的城
市。③ 威尼斯总督(Doge)类似一种立宪制君主,但他的权力受到严格
限制,而荷兰的国督(Stadholder)类似总督,是代表君主(如菲利普二
世)统治诸省的贵族在共和国时代的遗存。当时欧洲的统治阶层仍然
倾向认同于军人,而威尼斯和阿姆斯特丹的显贵主要是市民。用帕雷
托的话说,他们是狮子世界中的狐狸。在一个统治精英通常都鄙视贸
易的欧洲,威尼斯和阿姆斯特丹是两个突出的地方,在这里,至少 17 世
纪早期,贸易和政治能成功结合在一起。这两个精英群体的价值观包
括注重宽容和节俭,这两种品质通常都不被 17 世纪的统治者看重。当
时欧洲的统治阶层往往在其乡村地产上度过大部分时间,而威尼斯和
阿姆斯特丹的显贵主要住在城里。在 17 世纪,两个精英群体的经济基
础、精神气质和生活方式都发生了相似的变化;与 19 世纪纽黑文的情
况相反,他们以企业主发家,最终成为食利者。

　　两个群体也存在显著的差异。威尼斯精英是一个贵族集团,而阿
姆斯特丹精英是一个平民集团。威尼斯人是天主教徒,而荷兰人主要
是新教徒。在阿姆斯特丹,忠诚的焦点是核心家庭,在威尼斯是大家族
(the extended family)。相似和差异都表明系统的比较是有价值的,因
为它促使史学家注意到当时的人通常看不到的,尤其是他们文化不同

6

---

① Rohan (1661), vol. 2, 359; Blok (1909), 112; K. 6773, 5‑6.
② Jonge (1852); Haitsma Mulier (1980); Mastellone (1983).
③ Durand (1973).

部分之间的关联。

例如,后面的篇章将论证指出,作为一个贵族团体的威尼斯精英更注重家庭,与市民阶级的阿姆斯特丹精英相比,他们较少注重个人成就。威尼斯人更关心展示,尤其是家庭展示,而阿姆斯特丹人更看重节俭——被其加尔文教强化了的一种市民美德。与成长于大家族的威尼斯贵族儿童相比,在核心家庭长大的儿童,比如在阿姆斯特丹,更有可能发展出对成就的需求。威尼斯人可能比阿姆斯特丹人更怀旧,前者在古老的帕多瓦大学接受教育并生活在一个拥有光辉历史的城市,后者在雅典学院(Athenaeum)和莱顿大学这样的新机构接受教育并生活在一个崭新和快速扩张的城市。再有,在威尼斯,每代人只有一个兄弟结婚的现象司空见惯,这一事实若不考虑这种社会习俗所从属的体系便无法理解:控制生育的需要(使家庭不致贫困化),弟兄们通常一起住在家族宫邸的事实(这样单身汉便不会孤单),以及教会和海军(许多海军军官都晚婚或根本不结婚)中的职业机会对独身者的重要性。

比较史也有助于我们看到缺失的东西。比如,威尼托地区缺少关心农业改革的贵族团体,当我们想到这些团体在 18 世纪的英国、法国和托斯卡纳地区的重要性(见本书边码第 61 页)时,这一缺失变得愈发突出。这一时期威尼斯没有扩张,威尼斯人也没有组建合资企业,当我们想到阿姆斯特丹的快速扩张和荷兰东印度公司(VOC)的重要性,这一事实看起来就更重要了。反过来,威尼斯的例子——在这里,城市显贵统治着陆地领土(北意大利陆地,包括帕多瓦、维琴察、维罗纳、贝尔加莫和布雷西亚)——促使我们探究阿姆斯特丹人为何没有更多地投资于土地,并表明从一个城邦国家控制其周围领土的角度考察阿姆斯特丹与荷兰省——而不是整个荷兰共和国,即当时人所说的"联合省"——的关系可能是有启发性的。①

---

① 自本书第一版问世以来,这个观点受到 Dillen (1964) 的质疑,Braudel (1979),145ff 给予支持,Israel (1989),415 给予批评。

一个外来人会很自然地使用比较的方法,但阿姆斯特丹和威尼斯的历史大多是其公民撰写(常常是贵族的后裔)。两个突出的例子是蓬佩奥·莫尔门蒂(Pompeo Molmenti)的《威尼斯私人生活史》(*History of Venice in Private Life*, 1879)和约翰·埃利亚斯(John Elias)的《阿姆斯特丹的显贵》(*Aldermen of Amsterdam*, 1903–5)。两部著作都耗费了作者毕生的光阴。莫尔门蒂关切社会史,尤其关注显贵,如果说他尚未完全摆脱"古玩店式"社会史研究方式的不足,他至少是社会史领域的先驱。埃利亚斯则是一位政治史家,他搜集了有关城市委员会每一位成员的家谱、官职和财富的信息;他的书事实上是一座分析不足的数据宝库。两人都满怀深情地书写"他们的"城市,如今威尼斯的一个广场以莫尔门蒂的名字命名真是恰如其分。一个外来人不能指望赶超这两人的长处,一种不同的研究路径或许至少能阻止他或她画蛇添足。

余下的篇章将提出并试图回答以下问题:

阿姆斯特丹和威尼斯的精英结构是什么? 其成员是如何招募的? 它是一个"等级"(estate)或是一个"阶级"(class)?

它的政治功能是什么? 它统治的程度如何? 统治谁? 通过何种手段?

它的经济基础是什么? 它较富有还是较贫困? 如果较富有,它的财富从何而来?

它的生活方式是什么?

它是如何被训练的?

它最重要的态度和价值观是什么?

它在多大程度上以及以何种方式赞助艺术?

在这一时期该群体是怎样以及为何发生变化的?

本书关切的时期,是一个加长的 17 世纪,从 1580 年前后一直到

1720 年前后。虽然尼德兰人反抗西班牙的起义 1572 年已经开始,但我们从 1580 年前后开始也是合适的,因为阿姆斯特丹城市委员会在 1578 年几乎被彻底更换[即著名的"大改组"(*Alteratie*)],而威尼斯 1582 年也发生了一些重要的体制变革,导致"十人委员会"及其"咨询处"(junta)权力的衰落。正如后面将看到的(参见原书第 36、43 页,即本书边码),在这两座城市,这些变革的重要性都有争议,但很难找到比这更好的起点了。① 以 1720 年左右作为 17 世纪的终点也是合适的,因为正是在 18 世纪早期两个群体不再卷入对外战争。那时,荷兰共和国与法国人签订了《乌特勒支条约》(Treaty of Utrecht, 1713 年),威尼斯人与土耳其人签订了《帕萨罗维茨条约》(Treaty of Passarowitz, 1718 年)。直到 18 世纪 90 年代拿破仑最终结束这两个共和政权之前,没有其他可以作为明显终点的时刻。

本书采用了群像法。也就是说,我们试图通过研究集体传记,即 563 位男子的传记回答前面列举的八个问题。就威尼斯而言,选作研究对象的群体包括总督和圣马可会的督察(procuratori di San Marco),共 244 人;在阿姆斯特丹是市长(burgomaster)和城市委员会委员,共 319 人。选定的时间段均为 1578—1719 年。两个群体的成员在本书中出现时将用星号标示。

群像法在英国的首要实践者之一,劳伦斯·斯通(Lawrence Stone)教授描绘了这一方法的局限性和危险,他的告诫当然适用于对 17 世纪威尼斯和阿姆斯特丹的研究。②

最明显的局限是数据不足。就下面研究的 563 位男子来说,要发现有关其家族、财富和政治生涯的某些信息通常是可能的,但要弄清他们对绘画的趣味或他们的上帝观就难多了。有些个体留下了丰富的证据,包括书信、回忆录和自传,使我们为下列诸君立传成为可能,如马尔

① Roorda (1964); Dudok van Heel (1991b); Lowry (1971).
② Stone (1971); cf. Burke (1993b).

坎托尼奥·巴尔巴罗*、尼科洛·孔塔里尼（Niccolò Contarini）*、卢纳尔多·多纳（Lunardo Donà）*、阿戈斯蒂诺·纳尼（Agostino Nani）*、昆拉德·范·伯宁恩（Coenraed van Beuningen）*、约安·布劳（Joan Blaeu）*、约安·科尔韦尔和赫里特·科尔韦尔（Gerrit Corver）*，科内利斯·P. 霍夫特（Cornelis P. Hooft）*、雅各布·范·内克（Jacob van Neck）*和尼古拉斯·维特森（Nicolaeus Witsen）*。① 多纳、多尔芬、埃利亚斯、特里普家族（都贡献了精英成员）也是许多专著的研究对象。②

有一大群显贵，有关其态度的证据少之又少，还有一大群显贵我们只有少许线索或者毫无头绪。最明显的危险是斯通对尝试集体传记研究者的告诫：将一个有可靠信息的个案当作整个被研究人群的一个随机取样。分析通常会从众所周知的例子开始，比如上面列举的 11 位男子，但不要假定他们是其他人的典型代表。

就阿姆斯特丹的艺术资助来说，我们尤其有充分理由认为，我们非常熟悉的那少数人的艺术资助——如安德里斯·德·格雷夫（Andries de Graeff）*或约安·海德科珀（Joan Huydecoper）*——在其大多数办公室同僚中并不典型。换言之，即使运用集体传记的方法，也不可能在一个绝对可靠的基础上进行概括。然而若谈论一个群体而不依次考察它的一些成员，那就是毫无根据地概括。

在整个研究中，两个精英群体将被描绘为"显贵"（patricians）。"显贵"（patricii）一词始创于古罗马时期，指早期元老或"元勋"（patres）的孩子，因此也指某些古老家族的成员。15 世纪的人文学者复兴了该词并把它用于城市贵族，如纽伦堡和威尼斯的城市贵族。自那以来，该词虽有许多层不同含义，但通常是在这个意义上被使用的。对进行比较研究的笔者来说，它指的是在一个政权（其中也有担任官职的

---

① Yriarte（1885）；Cozzi（1958）；Seneca（1959）；F. Nani Mocenigo（1894）；Roldanus（1931）；Koeman（1970）；Porta（1975）；H. A. E. van Gelder（1918）；Terpstra（1960）；Gebhard（1881）.

② Davis（1975）；Dolfin（1924）；J. E. Elias（1937）；P. W. Klein（1965）.

非显贵)中身居显要职位的古老家族的成员。①

　　在 17 世纪的威尼斯,显贵(patrizii)一词一般用来指贵族,而在阿姆斯特丹——尽管精英认同于古罗马人——这个词根本没有被使用。不过,在本书中,用"显贵"一词来指作为研究对象的 563 位男子仍然是合适的。至于这 563 位男子是怎样被挑选的,我们将在下一章讨论。

---

　　① Notestein (1968);Cowan (1986), ch. 1.

第二章 结 构

进行这项研究面临的最大难题,是如何确认这两个精英群体。[1]
在分析集体传记时,无论你试图何等严谨,都不得不首先依据印象性的
证据来选择传记。因此,我们有必要试着回答一个问题:在 17 世纪的
威尼斯和阿姆斯特丹,是什么群体拥有地位、权力和财富?要指出的重
要一点是,威尼斯是一个"等级社会"(estate society),而阿姆斯特丹是
一个"阶级社会"(class society,这在 17 世纪的欧洲是非常罕见的)。
换言之,威尼斯被划分为许多正式界定的地位群体,权力和财富通常伴
随地位而来。相比之下,阿姆斯特丹的地位群体是非正式界定的,因
此,地位往往依赖财富和权力。[2]

在威尼斯,传统的社会三等级划分——教士、贵族及其他——仍很
受重视,以至于仍是一个社会事实。我们可以简单谈谈教士。如同欧
洲信仰天主教的其他地区,高阶上层教士与低级下层教士有重要区别,
前者包括宗主教、陆地领土(terraferma)的主教以及"教务长"(primice-
rio)或圣马可教堂的主持,后者包括教区牧师和修士。上层教士一般
是贵族,而下层教士通常属于第三等级。

第二等级是法律上界定的高阶地位集团。贵族就是那些名字登记
在"金册"(libro d'oro)中的男人、女人和儿童。在 1580 年,除极少数例
外,这意味着他们都是 1297 年(著名的贵族封闭令时期)被视为贵族
者的后裔。年龄超过 25 岁的贵族男子具有担任政治职位的资格。在

---

[1] 出自"Il Barbaro", Capellari and J. E. Elias (1903 - 5) 的参考材料将不再注出。
[2] Mousnier (1969), chs 1, 3.

1594 年,不算像费拉拉的埃斯特家族这样的荣誉贵族,威尼斯年龄超过 25 岁的贵族男子有 1 967 人。① 17 世纪中期,威尼斯政府陷入财政困难,一些家庭得以花钱购得贵族身份(一次 10 万杜卡特),但是,虽有 100 个新家庭通过这种方式"加入"了贵族,年龄超过 25 岁的男性贵族在 1719 年也只有 1 703 人。② 因此,贵族只是威尼斯人口中很小的一部分——1720 年威尼斯总人口数与 1580 年相当,约为 140 000。③

这个等级内有许多地位层次。老家族被认为比新家族尊荣,最尊荣的是 24 个"老家族"(*casa vecchie*),他们自称在公元 800 年前已经是贵族和威尼斯人了。然而在威尼斯,如同在近代早期欧洲其他地区,如果游行行列可被看作社会结构的物质化(这就是争夺优先次序如此白热化的原因),那么显而易见,从社会地位的角度看,一个贵族与另一个贵族的根本区别就在于担任的官职。首先是总督,一种立宪君主,一个不能采取政治主动的国家元首;然后是圣马可会的督察,他们类似终身贵族;接下来是其他重要政治职位的任职者。在威尼斯,地位与权力紧密相连,现在我们必须转向权力。

理论上威尼斯由一个委员会,即大议会(Maggior Consiglio)统治,该机构囊括了所有年龄超过 25 岁以及少数不足这个年龄的贵族男子。从这个意义上说,地位与权力重合了。当然,一个约 2 000 人组成的议会太大,无法有效行使权力,因此它主要负责某些成员的职位任命。此外,还有一个上议院或元老院(Senate),它任命某些重要官职,有时还能对大议会施加压力。但即便是元老院(约 200 人构成)也过大,无法有效进行决策。要弄清谁在威尼斯行使权力,就必须考察那些担任关键职位的人。据估计,在 17 世纪,威尼斯约有 800 个职位,其中大部分轮换很快,每六个月、八个月、一年或三年轮换一次。④ 因此,在威尼斯

① BCV. MS Donà 225.
② BCV. MS Cicogna 913.
③ Beltrami (1954), 38.
④ Davis (1962), 22.

学习从政的人须得辨识关键职位以及总是担任这些职位的人。你如何知道某人权势显赫呢？因为他担任关键职位。

你又从何知道某些职位是关键的呢？因为担任这些职位者往往有权有势。这种循环论证的危险显而易见。当时人通常认为重要职位包括大使、陆地领土主要城市的统治者、"贤人"（savio）、"十人委员会"成员或高阶海军军官，对此史学家很难再有新突破了。然而，集中考察重要职位的任职者就有可能遗漏那些非官方领袖，那些权力超出其职权的、不露身份的要人。据说威尼斯总督弗朗切斯科·达·莫林（Francesco da Molin）*的兄弟多梅尼科·莫林（Domenico Molin）就是这样一个人。

在地位和权力之后，要考察的第三个等级结构是财富等级，威尼斯人用杜卡特（这样称呼是因为钱币上印有威尼斯总督，或"*dux*"的头像）计算财富。最好不要试图把杜卡特转换为现代货币，而应将威尼斯的富人和穷人进行比较。为了衡量下列数字的重要性，读者最好记住一点：在16世纪晚期，一个石匠帮工大约一年赚50杜卡特。

威尼斯政府为了征税分别在1581年、1661年和1711年对威尼斯人的财富进行了系统调查。① 史学家有理由感念的是，与欧洲大部分地区不同，在威尼斯贵族也要纳税。根据纳税记录，1581年有59位家长公布的土地和房产年收入超过了2 000杜卡特。除了巴索、穆蒂和韦基亚三个家族的家长，余者都是贵族。1711年，70个家长宣称年收入为6 000杜卡特或更多；除一人外（多纳多·波齐）其余皆为贵族，不过有11人是新进"加入的"贵族，他们是邦法迪尼（Bonfadini）、布雷萨（Bressa）、卡尔米尼亚蒂（Carminiati）、科雷焦（Coreggio）、菲尼（Fini）、拉比亚（Labia）、米内利（Minelli）、帕帕法瓦（Papafava）、皮奥韦内（Piovene）、维德曼（Vidman）和泽诺比奥（Zenobio）。

遗憾的是，关于其他非投资于地产和房产的财富，纳税申报并未提

14

---

① Canal (1908).

供任何信息。不过,虽然许多贵族并不富,但富有的地主事实上都是贵族。在威尼斯,如同在法国、波兰或日本的某些地方,穷贵族在这个时期是一个众所周知的现象。财富与地位和权力联系在一起,这是因为一些职位,比如大使,使任职者花费巨大,以致必须是富人才能担任;也因为从 17 世纪中期以来富有的平民能够买到贵族身份;还因为一些贵族能够买到圣马可会督察的高阶职位。简言之,地位、权力和财富的重叠足以使史学家谈论一个较一致的精英群体。

"占星学家不必知道银河系的每个星体,只要知道那些影响这个尘世的大星体即可",当时一个威尼斯学习从政者如是说。① 贯穿本书,我选择这一时期 25 位总督和圣马可会督察——下文统称之为"督察"(proctors)——来集中考察,以之作为这些有影响力的人的一个重要抽样。督察们照料圣马可大教堂并管理一些慈善活动。他们奔走于威尼斯城,分发救济品,并照料小民以及死而未立遗嘱者的财产。他们的官阶仅次于总督,照理总督要从他们中选出(不过,这一时期有 7 位总督并非如此)。督察不在威尼斯快速轮换的官职之列。他们是由大议会任命的终身职位,是"有实无名的"(ex officio)议员。

15

"普通"督察有 9 人,但也可以有"额外的"任命,而且事实上常常为了钱额外任命,价格一般是 20 000 到 25 000 杜卡特。这一时期约三分之一的督察都是额外任命的。这一时期威尼斯有 237 位督察,再加上 7 位非督察出身的总督,构成了我们要研究的群体共 244 人。不是所有权势显赫的威尼斯人都是督察,但大部分督察都是或曾经权势显赫。在他们中,约四分之三的人被任命为督察前曾任过高阶官职,在获得任命后,永久性的议员职位给了他们一个发挥影响力的机会。并非所有富有的威尼斯人都是督察,但督察都在威尼斯最富有者之列。1581 年,有半数督察——18 人中有 9 人——房产和土地年收入超过 2 000 杜卡特,换言之,他们都来自威尼斯最富有的 60 个家庭。1711

① RA, 401.

年,38 位督察中有 20 人的年收入为 6 000 杜卡特或更多,因此,有超过
半数的督察来自 70 个最富有的家庭。反过来说,最富有的家长中约
30% 是督察。

从 1581 年至 1711 年,这些官员数目的增加表明,在威尼斯如同在
17 世纪的英国,政府的财政需要导致了"荣誉膨胀"。有一点可能很重
要,督察一职的价格只相当于一个新家庭跻身威尼斯贵族所需费用的
四分之一。威尼斯的一个重大区别是贵族与非贵族的区别。

在阿姆斯特丹,传统的社会三等级划分不再有效。虽然天主教教
士曾被视为一个独立的等级,新教教士则被看作与律师和医生并无不
同的职业群体。至于第二个等级,荷兰的贵族往往住在海牙(Hague,
国督宫廷的所在地)或在他们自己的乡村地产上。

当时的人仍使用"等级"(estate)一词,但当它被用于指称第三等
级内的不同群体时,其含义也在变化。在 17 世纪早期,C. P. 霍夫特*
提到了与"最富有、最荣耀和最显赫的人"相对的"中等或更低等级"的
人们。① 此外,1662 年,阿姆斯特丹出版的一个小册子对商人和小店主
忘记自己身份爬到更高等级表示震惊,不过其作者不得不承认,阿姆斯
特丹的商人中有许多是拥有"权力和财富"的人。②

显然,人们需要一个新术语,用一种新的方式概括社会地位的差
异,于是"阶级"(class)一词开始被从这个意义上使用。在 16 世纪,拉
丁语"*classis*"被用于指教会管理长老制体系中的宗教团体。在 17 世纪
早期,它被用来指学生的"班级"。17 世纪晚期,它被用来指交纳不同
额度税收的团体。哲学家巴鲁赫·斯宾诺莎(Baruch Spinoza)似乎最
早在一般意义上用这个词表示一个社会群体。他的《伦理学》(*Ethics*,
1678)中有一句话(用拉丁语写的):人们将对一个陌生人的爱与恨转

16

---

① C. P. Hooft (1871 – 1925), vol. 1. 109, 168.
② K. 8670, 2.

移到"这个人所属的整个阶级或民族"。①

　　奇怪的是,在英文中,"阶级"一词最早也是以荷兰共和国的社会结构为使用语境的。曾任驻联合省大使的威廉·坦普尔爵士(Sir William Temple)写过一段描述荷兰的文字,其中他把荷兰人分为五个"阶级":农民、海员、商人、食利者和贵族。② 接受该词并把阿姆斯特丹精英描绘为"上层阶级"看来是有益的,这意味着社会地位不是用法律术语界定的,拥有权力和财富的人的高阶社会地位实际上是其同类赋予的。③ 这正是让一些外国观察家感到震惊的一件事。1586 年,莱斯特伯爵(Earl of Leicester)圈子的一个人曾被伊丽莎白女王派到荷兰,他以明显轻蔑的口吻将荷兰统治阶层描绘为"至高无上的磨坊主和奶酪商"〔阿姆斯特丹市政府委员会的一个成员,B. 阿佩尔曼(B. Appelman)的确是一个奶酪商〕。④

17　　最后我们要看一看,在阿姆斯特丹,权力和财富在多大程度上重叠在一起。在阿姆斯特丹,有权力的人比在威尼斯更容易辨认,因为这里职位少,而且轮换也不那么频繁。阿姆斯特丹有一个由 36 位终身委员(raadslieden)组成的城市委员会(vroedschap),还有一名治安官(schout)、9 名地方法官(schepenen)以及 4 名市长——他们常常是(但并不总是)城市委员会成员。市长独立于城市委员会,这在荷兰其他城镇并不常见,是阿姆斯特丹政治影响力的一个标志。⑤ 这些市长由前市长和前法官们任命,任期一年,但 4 人中有一人可连任两届,以确保连续性。市长和城市委员会委员共 319 人,他们就是这一时期阿姆斯特丹的"权力精英"。

　　同威尼斯一样,了解阿姆斯特丹人财富的最好资料也是为征税做的调查。我们有 1585 年、1631 年和 1674 年的纳税评估。1585 年的

---

① 转引自 Ossowski (1957), 122n。
② Temple (1673), 97.
③ Cf. Schöffer (1968).
④ Wilson (1970), 23.
⑤ Fruin (1889).

"财产评估"（kohier）表明，阿姆斯特丹的首富和次富都是市长，约有一半城市委员属于 65 个最富有的家庭。① 根据 1631 年的"财产评估"，有 24 个家长拥有 20 万弗罗林或更多财产（税收是根据财产而不是收入征收的）。24 人中，有 6 人是城市委员会委员（其余 18 人中有 7 个是妇女或儿童）。② 根据 1674 年的"财产评估"，有 81 位家长拥有 20 万弗罗林或更多财产，其中有 15 位是城市委员会委员，4 人是未来的城市委员会委员（其余家长中有 19 位是妇女或儿童）。③

一些阿姆斯特丹富人从未进入城市委员会，如 D. 阿勒温（D. Alewijn）、G. 巴尔托洛蒂（G. Bartolotti）、B. 科伊曼（B. Coymans）（这三个例子取自 1631 年的财产评估），但他们的血亲或姻亲中有城市委员会委员。值得注意的是，该城没有犹太商人。无论如何，我们可以总结指出，在阿姆斯特丹，这一时期财富、地位和权力不同寻常地重叠在一起，把 319 名市长和城市委员会委员作为一个一致的精英群体进行研究是可能的。

关于精英，有一个明显——而且重要——的问题是：他们是如何被招收的？ 是谁选择了他们？ 他们是从哪些人中选出来的？ 依据的标准又是什么？

在威尼斯，督察是大议会选出来的。但这些人是怎样被选出来的？16 世纪，加斯帕罗·孔塔里尼（Gasparo Contarini）对威尼斯政体的著名描述宣称，那些曾出任许多官职并具有明显才能（una riguardevole bontà）者被选为督察。④ 一些 17 世纪的作家更愤世嫉俗。他们指出，重要的是金钱、家庭关系（parentele）或庇护制（amicitia, adherenze），在后一种情况下，可能是门客团体为庇护人投票，而不是庇护人为某个门客找一份工作。在威尼斯，政治上成功的基石正是这个"三脚架"。⑤

18

---

① Dillen（1941）.

② Frederiks & Frederiks（1890）.

③ GA, Kohier 1674.

④ G. Contarini（1543），fo. 58r.

⑤ EIP.

家庭和庇护制在威尼斯"政治聚会"(broglio)中至关重要,"政治聚会"是在威尼斯处于政治生活中心的非正式政治制度,指威尼斯贵族在圣马可广场或里阿尔托桥的定期露天聚会,在大议会正式选举之前,他们在这里密谋和讨价还价。"有重要亲戚的人受到礼遇,得朋友者得官职。"①

将这些不同因素按照重要性的高低进行排序并不容易。以金钱为例,三分之一的督察是用钱买的。但这并不证明他们不可能被选举出来,尽管较之普通督察,额外增补的督察往往较少担任要职。不过,出任大使的经历对于成为一名督察大有帮助,考虑到出任大使的花费(参见本书边码第 76 页),只有富人才能承受得起。另外,上过大学也有助于在官职之梯的底端站稳脚跟,上大学也要花钱。甚至"普通"督察也需要钱。

至于家庭关系,一些统计数据清楚地显示了其重要性。在威尼斯的244 位精英中,有 42 人是总督或督察之子,30 人是总督或督察的兄弟,18人是总督或督察的孙子,18 人是他们的女婿,12 人是他们的侄子。这些数字证实了当时人的说法,即在威尼斯贵族内部有一小撮富有和权势显赫的家族,他们有时被称为"血统皇族"(princes of the blood)。② 一个著名的例子就是被称为"威尼斯的美第奇家族"的科尔内家族(圣毛里齐奥的一支)。③ 这些家族的成员从竞争治安官(*savio agli'ordini*)这样的低级职位到试图成为督察,都比其他人更有机会当选。

根据法国观察家本笃会修士卡米耶·弗雷肖特(Camille Freschot)的看法,这些家族的权力通过"完全忠于他们"(qui sont entièrement à leur dévotion)的小贵族行使。④ 遗憾的是,这个假说很难得到证实。支持或反对某项任命的票数被仔细地记录在册,但投票人的名字却非如此。因此,史学家能做的仅是收集当时的街谈巷议而已。例如,据说阿

---

① Relatione 1, fo. 77v.
② 'Distinzioni', 18. Cf. Cozzi (1986).
③ Venier, 137.
④ Freschot (1709), vol. 263.

尔维塞·普留利*（Alvise Priuli）是"门客的伟大支持者"（assai parti-giano dei suoi clienti）；马林·格里马尼（Marin Grimani）*当选为总督，是因为卢纳尔多·多纳*说服投票人中他的门客投格里马尼的票。①

当然最难衡量的因素是才能。对于这个问题需要提出两个相反的观点。一个观点是：一个能干但家庭并不富有或显赫的贵族的确有机会爬到顶端。这一时期最著名的例子可能是尼科洛·达·蓬特*，他起初只是一个出身于小家族的穷贵族，后来赚了15万杜卡特并在大约87岁时当选为威尼斯总督，震惊了所有人。还有尼科洛·孔塔里尼*，他出身于家族中不甚显赫的一支，他在1582年公布的收入只有323杜卡特，尽管如此，他还是在1630年成了威尼斯总督。卢纳尔多·多纳*并非出身豪门，他在1582年宣布的收入为326杜卡特，但他在1606年当选为威尼斯总督。

另一方面，17世纪的作家们有时评论说威尼斯高官中有为数不少的平庸之辈。当时一位匿名人士（是不是一个竞职失败者我们无从得知）说，有才能的人会因为得罪过人而无法当上督察，而一些督察"让人记住的，除了他们的长袍外别无其他（non fanno altra figura che quella della lor veste）"②。约有25%的督察在买到该职位前未担任过重要官职。例如，当时有个人形容阿尔维塞·巴尔巴里戈（Alvise Barbarigo）*"没有美德，没有恶行，一个在元老院一言不发的人"。另一个人说他是"一个好议员，热心公务，但没什么真正突出的品质（che spicchino di molto）"③。我们了解到，达尼埃莱·布拉加丁（Daniele Bragadin）*没有担任过官职，并且就投票来说"随波逐流"。但他有钱，33岁时就用20 500杜卡特当上了督察。④ 亚历山德罗·孔塔里尼（Alessandro Cont-arini）*是伟大的弗朗切斯科·莫罗西尼（Francesco Morosini）*的大总

20

---

① EIP, 42; Mosto（1960），314.

② RA. 401.

③ EIP, 63; RA 40.

④ EIP, 67 ff.

管,但他被形容为"仪表堂堂"(una maestosa presenza),腹内空空,就像一座无人居住的宫殿。①

一些精英不仅被指控平庸,还被指控无能、腐败甚至叛国。海军总司令(capitano generale da mar, 海军最高指挥官)祖安·卡佩洛(Zuan Cappello)*被指控行动迟缓而入狱一段时间,不过最终获释。弗朗切斯科·莫罗西尼*(经历了 17 世纪最辉煌的海军生涯)被指控贪污公款。另一个海军军官佐尔齐·莫罗西尼(Zorzi Morosini)*有一次也因为管理不善而被下狱,不过他后来还是当上了海军总司令,并因其任职服务被元老院册封为贵族。祖安·佩萨罗(Zuan Pesaro)*因 1643 年指挥军队抗击教皇失败受到审判,但他还是作为总督终了一生。1630年,扎卡里亚·萨格雷多(Zaccaria Sagredo)*因把阵地丢给敌人被免除督察职位;5 年后,他却成了帕多瓦督政官(podestà)这一荣耀职位的担任者。皮耶罗·韦尼尔(Piero Venier)*因为冒犯一位上司军官以及站岗时擅离职守而两次入狱,但他凭借才能而不是钱当上了督察。

21 1584 年,雅各布·索兰佐(Jacopo Soranzo)*被免去督察之职,并被指控泄露国家机密遭到放逐,但两年后他就获得了赦免。哪个是司法不公,是指控还是赦免?在所有这些案例中,历史学家很可能会困惑:一个权力家族小集团能否掩盖其成员最严重的过失?或者,一个强权人物有没有可能被对手陷害?例如,当时有个作家就认为索兰佐是嫉妒的牺牲品。②

在阿姆斯特丹,被任命为城市委员会委员的正式标准是年龄超过25 岁的市民以及在阿姆斯特丹居住满 7 年的居民。市长必须超过 40岁。在不断扩张的阿姆斯特丹,要成为一个公民并不难。1590 年,该城人口为 3 万;1620 年约为 9 万;1640 年约为 14 万;自 1680 年以降,

---

① EIP, 77 ff.
② Molin, 124.

阿姆斯特丹的人口稳定在 20 万左右。[1] 在阿姆斯特丹,你可以通过三种途径成为"市民"(*poorter*)或公民:出身、婚姻或付费(1600 年费用是 8 弗罗林,1650 年是 50 弗罗林)。自 1578 年开始的 35 年内,超过 7 000 名新市民被接纳,并且接纳速度不断增加。[2] 因此,很大一部分人都有进入阿姆斯特丹城市委员会的资格,虽然空缺是通过指定填补的。

如同在威尼斯,家庭关系、庇护制、财富以及能力在阿姆斯特丹都很重要。在 319 位荷兰精英中,91 人是精英之子,52 人是精英的女婿,44 人是精英的孙子,10 人是精英的兄弟,9 人是精英的侄子。如果某人是城市委员会委员,他的一些近亲(例如兄弟)会被自动排除在城市委员会之外,但也有规避这一原则的途径。科内利斯·德·格雷夫 (Cornelis de Graeff)* 和安德里斯·德·格雷夫* 兄弟是 17 世纪早期阿姆斯特丹政坛的一股强大势力。老科内利斯从 1639 年至 1664 年任城市委员会委员。因此他的兄弟被排除在城市委员会之外,直到 1665 年(在老科内利斯去世后)才当选为委员。然而,安德里斯却可以,并且确实在此之前已经担任市长。从 1655 年到 1662 年,两兄弟总有一人是市长,两人任市长的次数不少于 17 次。安德里斯·比克尔(Andries Bicker)* 和科内利斯·比克尔(Cornelis Bicker)* 兄弟的情况与此类似。哥哥安德里斯于 1622 年到 1652 年担任城市委员会委员,并 10 次出任市长。科内利斯从未出任城市委员会委员,但他曾 3 次任市长。在 1646 年,比克尔家族共有 7 人同时担任官职(包括小官职),这或许创了一个纪录。[3] 比克尔家族和德·格雷夫家族通过婚姻结成紧密联盟。雅各布·德·格雷夫(Jacob de Graeff)* 的两个女儿嫁给了比克尔家族的两兄弟,雅各布的儿子安德里斯·德·格雷夫* 娶伊莉莎白·比克尔(Elisabeth Bicker)为妻。[4]

---

① Sehraa (1954).
② Dillen (1929), xxxii.
③ J. Elias (1923), 119.
④ 同上, 105。

庇护制也很重要,至少有时如此。科内利斯·维特森(Cornelis Witsen)*之子尼古拉斯·维特森*在其自传中告诉我们,他被任命为城市委员会委员就是因为与有权有势的市长吉利斯·法尔克尼埃尔(Gillis Valckenier)*的友谊,在 1673 年前他之所以没有被任命为地方法官,是因为直到 1672 年法尔克尼埃尔派的势力一直比以德·格雷夫家族为首的敌对派势力弱。①

尽管如此,新人还是有很多机会进入城市委员会。所谓"新人",是指那些祖辈不曾当过阿姆斯特丹市长或城市委员会委员的人。至少有 15 位精英是阿姆斯特丹的第一代外来移民,有 33 位是第二代移民。这 48 位精英中有 8 位市长。例如,阿德里安·克罗姆胡特(Adriaen Cromhout)*出生于弗里斯兰(Friesland),而路易·特里普(Louys Trip)*出生在多德雷赫特(Dordrecht)。C. 班贝克(C. Bambeeck)*、A. 帕特尔(A. Pater)*、J. 波彭(J. Poppen)*、J. 蒙特(J. Munter)*、C. 范·泰林根(C. van Teylingen)*和 A. 韦尔特斯(A. Velters)*都是阿姆斯特丹外来移民的后代。一个显著的事实是,48 人中只有两人来自南方。然而,在 1622 年,阿姆斯特丹三分之一的人口却是来自南方的第一代或第二代移民。这或许从统计学上证实了一个观点:阿姆斯特丹人敌视这些南方人——布雷德罗(Bredero)的著名戏剧《西班牙的布拉班特人》(*The Spanish Brabanter*)就表达了这种敌视。②

当然,阿姆斯特丹的新人并不一定意味着也是统治阶层的新人。阿姆斯特丹的统治阶层与其他城市的统治阶层有重要联系。例如,阿德里安·帕乌(Adriaen Pauw)*是豪达(Gouda)的一位市长之子;克拉斯·范·海姆斯凯克(Claes van Heemskerck)*是莱顿的一位市长之子;威廉·德代尔(Willem Dedel)*——1672 年以后进入精英阶层的唯一一位第一代外来移民——是海牙一位市长的儿子。不过,在阿姆斯

① Witsen (1872), 43.
② Muller (1941), vol. 2. 369ff.

特丹你也不难发现一些市长的祖辈从来不曾是统治阶层。雅各布·波彭*、弗兰斯·班宁·考科(Frans Banningh Cocq)*、尼古拉斯·蒂尔普(Nicolaes Tulp)*和路易·特里普*就是四个著名的例子,他们的职业生涯将有助于表明,在阿姆斯特丹可以利用哪些机会在政治和社会上出人头地。

雅各布·波彭的父亲是个外来移民,此人在阿姆斯特丹找了一份鲱鱼包装工作。27岁时,雅各布娶了一个前城市委员会委员之女利夫根·武伊提尔斯(Liefgen Wuytiers)为妻,同年他成了市民卫队的中尉。三年后他成了一家救济院的主持,又过了三年他被选为城市委员会委员。最终他成为一名市长。

弗兰斯·班宁·考科*是个药剂师的儿子,此人是来自不来梅的移民,据说曾当过乞丐。但他的父亲娶了利丝白·班宁(Lijsbeth Banningh),后者的家族在14和15世纪的阿姆斯特丹很有势力。弗兰斯自己袭用班宁之名,上了大学。25岁时,他娶富商沃尔克特·奥韦兰德(Volckert Overlander)*的女儿玛丽亚·奥弗兰德(Maria Overlander)为妻,沃尔克特曾在城市委员会工作了20年。沃尔克特·奥弗兰德*也是一个新移民,他娶了霍夫特家族(17世纪荷兰最著名的家族之一)的一名女子。结婚四年后,弗兰斯·班宁·考科*进入城市委员会。他4次出任市长,被法国国王册封为骑士,变成了黑尔·范·普梅尔兰(Heer van Purmerland,这是他通过妻子得到的地产),如今,他作为伦勃朗《夜巡》(Night Watch)的赞助人而被人们铭记。①

尼古拉斯·蒂尔普*是布商之子,也是一位来自莱顿的医学博士。他年纪轻轻——29岁——就进了城市委员会,并光荣地连任了50年。他的第二次婚姻娶了一位精英之女,不过那时他已经担任城市委员会委员8年了。他4次出任市长,虽则第一次出任时已届61岁高龄(与新人形成反差的是,安德里斯·比克尔*41岁就出任市长,刚刚超过最

24

① Haverkamp-Begemann(1982).

低年龄线）。

最后，路易·特里普*更是一个外来人，因为他出生于多德雷赫特。但他极其富有，是 17 世纪的克虏伯，也就是说他是个军火商（他的母亲来自海尔家族，即开发著名的瑞典"铜山"的家族之一）。他得到国督（Stadholder，后来的英国国王威廉三世）的青睐，后者在 1672 年清洗了城市委员会后让他当了一名城市委员。两年后他成了一名市长。

弗兰斯·班宁·考科*的事例揭示了系统的联姻政策对一个野心勃勃的家庭的价值，而路易·特里普*的例子则显示了政治危机带来的机遇。1578 年，一群新人用类似特里普家族的方式进入了城市委员会，这一年，反西班牙的支持者控制了阿姆斯特丹政府。事实上，"大改组"（*Alteratie*）后大部分任职者都是新人［最突出的例外是威廉·巴埃德森（Willem Baerdesen）*和雅各布·班宁（Jacob Banningh）*］，其中有一位市长是个移民，即前面提到的阿德里安·克罗姆胡特*。他的后裔在下一代的阿姆斯特丹政治生活中变得极为显赫。①

总之，对阿姆斯特丹和威尼斯精英招收情况的比较因为一个事实变得更复杂了：在阿姆斯特丹你看到的是一个过程，即被招收进城市委员会；而在威尼斯你看到的是两个过程——被招收为督察和被招收为次要官员。尽管如此，两个城市的一些主要差异还是凸显出来。其中一个差异可通过图表得到最佳表现。

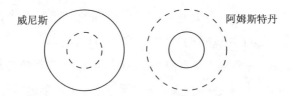

威尼斯　　　　　　　　　　　　　阿姆斯特丹

在威尼斯，有统治资格的是一个严格界定的群体，即贵族，而实际
25　进行统治的是其内部一个界定较松散的群体。在阿姆斯特丹，有统治资格的是一个界定非常松散的群体，或者一个开放的群体，即市民，但

---

① 关于大改组（Alteratie）的修正主义观点，参考 Dudok van Heel（1991b）。

实际进行统治的是其内部一个较封闭的群体(见前页图)。总体上我们可以说,威尼斯是一个相对封闭的社会,在 17 世纪前半期的威尼斯根本没有新家庭被接纳为贵族。即便在 17 世纪中期及以后册封贵族后,督察仍然是从同一些古老家族中招募。唯一的例外只有詹巴蒂斯塔·阿尔布里齐(G. B. Albrizzi)*、文琴佐·菲尼*(伯父)和文琴佐·菲尼*(侄子)、奥塔维奥·马宁(Ottavio Manin)*和安东尼奥·奥托本(Antonio Ottobon)*。这些新贵族大多是威尼斯的外来移民,通常来自意大利半岛。他们用钱进入了贵族社会下层,而不是上层。在威尼斯,向上的社会流动很难,但也不容易下滑。穷贵族仍然是贵族。许多精英群体的成员都关切帮助穷贵族。西尔韦斯特罗·瓦列尔(Silvestro Valier)*为 30 个没落贵族家庭设立了一个基金,费里格·孔塔里尼(Ferigo Contarini)*致力于为穷贵族的儿子们设立一个学院,让他们免费接受适合的教育。另一方面,阿姆斯特丹是一个更开放的社会。地域流动是可能的,并且外来移民能够成为市长。向上的社会流动是可能的。向下的社会流动同样如此——有 5 位阿姆斯特丹精英破产并被迫退出城市委员会,他们是 J. 霍赫卡迈尔(J. Hooghkamer)、J. 范·内克(J. van Neck)、J. 里恩(J. Rijn)和 D. 托林克斯(D. Tholincx)。这些例子也揭示了财富与权力的关联。总之,正如我们看到的,威尼斯是一个等级社会,而阿姆斯特丹是一个阶级社会。

因此,你可以想见在威尼斯家庭更重要,而在阿姆斯特丹个人更重要。统计数字似乎证明了这一点。威尼斯的 244 个精英来自 66 个家族,平均每个家族 3.7 人。出产精英大于等于 6 人的家族有 13 个,居前三位的是孔塔里尼家族(17 人)、科尔内家族(14 人)和莫琴尼格家族(13 人)。阿姆斯特丹的 319 名精英成员来自 156 个家族,平均每个家族刚好两个多。出产精英大于等于 6 人的家族有 6 个,居前两位的是比克尔家族(13 人)和巴克尔家族(11 人)。阿姆斯特丹家族的数目几乎是威尼斯的两倍。但需要注意的是:"家族"一词在两个城市的含义并不相同。

整个威尼斯贵族的一个显著特征是他们中的姓氏非常少。1594
年,在威尼斯 1 967 名年龄超过 25 岁的男贵族中只有 139 个姓氏,每个
姓氏约有 14 人。最常见的姓是孔塔里尼(100 名男子)、莫罗西尼(68
名男子)、奎里尼(54 名男子)、马利皮耶罗(Malipiero,52 名男子)和普
留利(Priuli, 52 名男子)。① 由于在某些家族有一些教名极其普
遍——这一时期的精英中就有 7 个阿尔维塞·莫琴尼格(Alvise
Mocenigos)——因此极有可能出现混淆。即使当时的人也会弄错,比
如在 1607 年,大议会就搞不清基奥贾的督政官(podestà)是哪一个安
德烈亚·文德拉明(Andrea Vendramin)。因此,威尼斯人往往使用源
于父名的姓(patronymics)就不奇怪了,但即便这样也不能杜绝混乱。
18 世纪古文物学家卡佩拉里(Capellari)描述的多梅尼科·迪·朱利
奥·孔塔里尼(Domenico di Giulio Contarini) * 的外交生涯,事实上是另
一个同名同姓者的经历。

问题是要弄清楚,在 17 世纪的威尼斯姓孔塔里尼或姓莫罗西尼意
味着什么。历史学家们倾向于同意一点:重要的社会单位不是具有相
同姓氏的群体(famiglia,或可译为"宗"),而是支(ramo)或家庭(casa),
即住在同一个地方并通常以该地点命名的群体。精英中的科尔内家族
成员就来自 5 支——圣·卡西安、圣·卢卡、圣·毛里奇奥、圣·波洛、
圣·萨姆埃莱,都是用所在的教区命名的。一个宗族的某些分支可能
很富,而另一些则可能穷困潦倒。我们绝不能假定同一宗族的成员在
大议会或其他地方立场一致。例如,在 16 世纪晚期"老"贵族与"年
轻"贵族的著名冲突中,阿尔贝托·巴多埃尔(Alberto Badoer)就支持
前者,而费里格·巴多埃尔(Ferigo Badoer)则支持后者。②

虽然如此,我还是愿意认为宗族的团结有点被低估了。宗族成员
共享一个家徽,这一点在 17 世纪很重要。17 世纪早期,一个名叫吉罗

---

① BCV, MS Donà 225, MS Cicogna 913.

② Cozzi (1958), 6n.

拉莫·科尔内(Girolamo Corner)的人——来自科尔内大家族的一个小分支——因叛国罪被判处死刑,该家族的主要支系拿出 10 万杜卡特(不是一笔小数目)帮他脱罪,或许是避免宗族的名声被玷污。① 科尔内家族的一些成员在遗嘱中规定:若宗族某一支系绝嗣,该支所有女子必须嫁入另一支,以保证宗族财富不外流。② 毫无疑问,大宗族的某些支系也意识到了他们与其他某些支系的密切关系,这一事实可能促进了他们之间的团结。

从我们的角度来看,关键的问题是(其他因素相当的情况下)一个威尼斯贵族在官职选举中是否更有可能投一位同姓贵族的票。这个问题无法作出直接回答,但具有启发性的是,在这一时期有 5 位姓孔塔里尼的总督,他们来自不同的支系。也就是说,他们不足贵族总人数的5%,但却占总督总人数的25%。17 世纪中期,一位匿名作家讨论了威尼斯政治中的头面人物及其资产(assets),并强调了这些人的亲属对孔塔里尼、祖斯蒂尼安、莫琴尼格和莫罗西尼家族——均属于最大的姓氏集团——一些成员的支持。例如,他在谈及吉罗拉莫·祖斯蒂尼安(Girolamo Zustinian)*时写道,"就公共选举而言,他依靠祖斯蒂尼安大家族的'诸位领袖'(caporioni)",这个短语不大可能单指一个支系。③同样有趣的是,我们了解到,1682 年,所有年龄超过 40 岁的孔塔里尼家族显贵曾在威尼斯总督宫召开过一次会议。

私人生活自然是以支系为单位的,其组织需要作进一步说明。它不是一个核心家庭。其典型构成是住在同一座宫邸的一群兄弟及其妻子儿女。当一个贵族男子结婚,他往往会把妻子迎入宫邸,这座建筑物是该支系的象征并将其凝聚在一起。贵族在遗嘱中规劝儿子们不要分裂为更多分支;安东尼奥·格里马尼(Antonio Grimani)*甚至要求儿子

27

---

① Mosto (1960), 358.
② Litta (1819), vol. 2, s. v. 'Correr'.
③ RA, 374, 395. caporione 这个词本意是指罗马城一个城区的首领。

们共用一个厨房和一张餐桌。① 很难精确了解每个支系或家庭的平均
规模。1714 年的一份名单提到了 216 个贵族家族,667 个家庭(case)
和 2 851 位男子。② 这可能意味着每个支系平均有超过 4 名男性。妇
女的数量可能也差不多:包括未出阁的少女和男人们的妻子。一家人
当然也可能包括仆人。某些支的规模显然比这大得多。至少有 45 个
精英有 4 个儿子或更多活下来的婴儿(家谱中记录的女孩往往少于实
际数目),至少有 60 位督察每人有 4 个或更多兄弟。但即使平均规模
的支系也显然比平均规模的威尼斯家庭大,16 世纪 80 年代,每个威尼
斯家庭平均有 3.7 人,1642 年是 4.5 人。③

　　遗嘱中常常提到"家庭的荣誉"(l'honorevolezza della casa)。这可
不是些空话。家庭能对个体提出很多要求。一个突出的例子是祖安·
多尔芬(Zuan Dolfin)教长,他的职业生涯始于教会,但由于"其家庭的
利益"而被迫放弃。根据当时的一个传记,当他的父亲到威尼斯以外
任职时,他需要照看弟弟们。④ 女孩们可能被安置在修女院以节省嫁
妆,男子或许不能结婚,因为独身是合法控制生育的最可靠途径。30%
的精英从未结婚,在这一时期未婚贵族约占整个贵族的 60%。⑤

　　如同其他地方的贵族家庭,威尼斯贵族家庭也面临一个两难选择。
一方面,若按照家庭习惯的方式生活的孩子太多,家庭就有陷入贫困的
危险。因而贵族们日益采用"限定继承制"(fedecommessi),它使长子
继承制一劳永逸地有效确立起来;家庭供养较小的儿子们,但不供养他
们的子女。这事实上是阻碍小儿子们结婚,这又可能使家庭因缺少男
性继承人而绝嗣。很难找到一种能同时避免贫困化和绝嗣这双重危险
的策略。

　　整个威尼斯贵族群体似乎偏向第二种危险:年龄超过 25 岁的贵族

① 此处不再引用保存在威尼斯国家档案光(ASV)中并登记在其卡片索引中的遗嘱。
② BMV, MS Gradenigo Dolfin 134, 138.
③ Beltrami (1954), 188 ff.
④ Gualdo Priorato (1659), s. v. 'Giovanni Delfino'.
⑤ Rodenwalt (1957).

男子从 1597 年的 1 967 人缩减至 1719 年(尽管有新人加入)的 1 703
人。精英们往往比普通贵族富有些,他们结婚的比率高于贵族,但这一
时期的许多头面人物都是独身汉:尼科洛·孔塔里尼*、卢纳尔多·多
纳*、弗朗切斯科·埃里佐*、弗朗切斯科·达·莫林*、弗朗切斯
科·莫罗西尼*以及尼科洛·萨格雷多*莫不如此。埃里佐*、莫林*
和莫罗西尼*的例子提醒我们注意在教会以外贵族单身汉另一个明显
的职业选择——海军。

29

　　威尼斯"家庭"可以被描绘为一种"旁系"(collateral)型家庭组织。
受重视的关系是兄弟和叔侄关系。在精英群体中,这种关系的证据有
很多。帕斯夸莱·奇科尼亚(Pasquale Cicogna)*与其兄弟安东尼奥的
关系非常亲密。卢纳尔多·多纳*与兄弟尼科洛的关系也很亲密,多
纳当选为威尼斯总督后,尼科洛也搬进了总督府。另一个单身总督祖
安·本博(Zuan Bembo)*与他的兄弟菲利波·本博(Filippo Bembo)关
系亲密,祖安死后与菲利波葬在一起,并把财产留给了菲利波的儿子
们。尼科洛·多纳*与他的兄弟弗朗切斯科及其儿子们关系亲密。兄
弟间的劳动分工,是家庭推动某一个成员政治生涯的一种方式(另一
种方式是金钱援助)。巴蒂斯塔·纳尼*(Battista Nani)之所以能全心
全意地投身政治,是因为他的兄弟阿戈斯蒂诺担负起了管理家庭的责
任。尼科洛·孔塔里尼*的情况类似。威尼斯督察院认可兄弟间的这
种"特殊关系",它册封吉罗拉莫·科尔内*为骑士,作为对其已故兄弟
卡塔里诺工作的奖掖。在威尼斯,传统的贸易组织形式"兄弟公司"
(fraterna)就是这种关系的制度化。毫无疑问,兄弟间的这一纽带促进
了巨大的血亲团体或宗族——如孔塔里尼家族——的发展。

　　对于阿姆斯特丹家庭,可说的少得多,但这本身就很重要。[1] 贸易
公司是由个体而非家庭组成。兄弟们各忙自己的生意。赫里特·比克

---

[1]　关于荷兰家庭,参考 Woude (1972), Haks (1983)。

尔*(Gerrit Bicker)的四个儿子都从事贸易,但他们把世界进行了划分,
各自负责自己的区域。成年的儿子们常常是自立门户的。安德里斯和
科内利斯·德·格雷夫*兄弟住在同一条街,即赫伦格拉希特(Heren-
gracht)街,但住在不同的房子里,他们也有各自的乡村别墅。阿姆斯特
丹的精英知道限定继承制,但它似乎不如在威尼斯重要——“个体主
义”的又一标志。一个男子去世后,财产会简单地在孩子们中分配。

30   阿姆斯特丹的税收评估读起来也与威尼斯的大不相同。在威尼
斯,一个贵族首先宣布他与兄弟们一起住在家庭府邸,然后宣布其家庭
财产,(如果有的话)再补充他的“专产”或个人财产。在阿姆斯特丹,
兄弟甚至姐妹们的财产会被逐一评估。因此,在 1674 年的“财产评
估”(kohier)中,海尔家族的 6 位成员(1 男 5 女)被评估为每人 217 弗
罗林。他们经济上是独立的。财产和住房并非全部,但至少它们是家
庭结构的宝贵线索。总体印象是一种个体主义,也就是说儿子在父亲
生前独立于父亲,弟弟们独立于兄长。

甚至女儿们也会表现出一种其他地方罕见的独立性。举一个发生
在附近代尔夫特(Delft)的事例,在那里这件事成了一桩“著名事件”
(cause célèbre),市长杰拉尔多·韦尔霍克(Geraldo Welhoek)不得不费
尽周折阻挠女儿违背他的意愿嫁给她自己选择的男人,杰拉尔多死后,
两人终究结为夫妇。① 税收记录表明,富孀充当一家之长是阿姆斯特
丹的一个重要现象。换言之,我们可以说在阿姆斯特丹,占主导地位的
是核心家庭或“夫妻”家庭,即丈夫、妻子和未婚子女。与亲属们的联
系比较少,子女在择偶上有一定自由。② 在威尼斯,主导的社会组织形
式是“大家庭”,它包括好几代人,也包括已婚的男性。在威尼斯“联合
家庭”(joint family)是主流:一起住,一起消费,财产所有权也是如此。
家庭在威尼斯比在阿姆斯特丹更受重视。在威尼斯,家庭可以追溯到

① Renier (1944), 161–79.
② Haks (1983).

很久以前,而阿姆斯特丹人的家谱很难追溯到 15 世纪之前。阿姆斯特丹毕竟是一个新城市,它的精英不是贵族,他们到 16 世纪才开始采用姓氏。

　　威尼斯的社会体系似乎更家庭导向,而阿姆斯特丹的则是成就导向。在威尼斯,某些家族的男子无需真正努力也可能成为总督。阿尔维塞·孔塔里尼(Alvise Contarini)*、卡洛·孔塔里尼(Carlo Contari-ni)*和多梅尼科·孔塔里尼*都是这样的例子。在阿姆斯特丹,没有人(甚至比克尔家族成员)用同样的方式不劳而获地得到显赫地位。简言之,在威尼斯和阿姆斯特丹,财富、地位和权力是按照不同标准分配的。威尼斯精英是一个法律上享有特权的贵族等级的一部分,对大家族忠心耿耿。阿姆斯特丹精英是一个非正式界定的统治集团,是一个阶级而非一个等级的一部分,更个体主义和更注重成就,不那么看重家庭忠诚(尤其是这一时期的前半期),对"家庭"的界定也狭窄得多。

31

第三章 政治功能

在威尼斯,精英们统治的不仅是一座城市,也是一个海陆帝国。克里特岛和摩里亚半岛是海洋帝国的残余(就在我们研究的这一时期开始前,即 1570 年,威尼斯丧失了塞浦路斯)。帝国的大陆部分,即陆地领土上(terraferma)有 150 万到 200 万人口,其中有些人生活在相当大的城镇中。在 17 世纪中期,布雷西亚约有 4 万居民,帕多瓦约有 3 万,维琴察约 2.5 万。① 换句话说,威尼斯与其说是一座城市,不如说是一个领土国家。管理这个国家需要精英们具备多种功能。我们可以区分四个主要功能——中央政府、地方政府、战争和外交,并考察精英成员担任的官职,或至少是比较重要的职位。

有 151 位精英在中央政府任要职,包括枢密院(College)、元老院或十人委员会的成员。枢密院是由 26 人组成的团体:总督、总督的 6 个顾问、16 名贤人(savi)和四十人法庭(quarantia)的 3 个首脑。5 名贤人专职负责大陆事务,另有 5 名学习管理艺术的年轻贤人。四十人法庭的首脑是法官。元老院专门负责战争与外交决策,十人委员会负责犯罪。

有 111 位精英在威尼斯帝国的地方政府担任要职。威尼斯允许附属城市保留自己的法律,甚至保留其市政府委员会,但要受到威尼斯派来的贵族的监管。重要的城市有两名监政官(rettori),一位负责民事的督政官(podestà),一位负责军政的监军(capitano)。这些职位中最荣耀的是帕多瓦的督政官。人们常常将威尼斯的监政官与 17 世纪法

---

① Beltrami (1954), 63 ff.

国的特派员(intendants)相比,尤其是他们都有一项很重要的职责,即对其辖区的状况进行汇报。帕尔马(Palma)和干地亚(Candia)的总监(provveditori generali)有点像(代表国王行使权力的)总督,他们分别统治弗留利和克里特岛,因此我们将他们列在这里而不是列在军职中。

　　75 位精英担任重要的军事或海军职位。威尼斯精英不完全由"狐狸"构成。著名的"狮子"包括:祖安・本博*、弗朗切斯科・埃里佐*、弗朗切斯科・达・莫林*以及最著名的弗朗切斯科・莫罗西尼*。这四人在辉煌的军事生涯后皆当选为总督。他们曾担任过的职位包括"舰队司令"(capitano in golfo),统领亚得里亚海的海军;"征讨乌斯科克将军"(generale contra Uscocchi),该职位的目标是沿着达尔马提亚海岸,从塞尼(senj)等地铲除乌斯科克人,即从奥斯曼帝国逃亡出来、成了海盗的基督徒难民;统领一支舰队的"舰队总监"(provveditore d'armata);"海军总司令"(capitano generale da mar),这个职位只在战争时期任命〔和平时期的最高职位是"海军总监"(provveditore generale da mar)〕。对一个威尼斯贵族来说,当海军是个寻常职业,每艘军舰上都会为青年贵族保留两个位置。不过他们并未垄断军职。例如,在1660 年,达内・库尔特・西韦森(Dane Curt Siversen)就是一名海军上尉(tetente generale)。①

　　威尼斯人不在陆军中任职。你通常会发现,担任陆军最高职位的是意大利其他地区的大贵族,如路易吉・德・埃斯特(Luigi d'Este),他在 1614 年担任步兵司令;或者帕尔马亲王亚历山德罗・法尔内塞(Alessandro Farnese),他是 17 世纪中期威尼斯骑兵的总司令。人们可能还会看到外国贵族,如拿骚的约翰・恩斯特(John Ernst of Nassau),此人在 1617 年是荷兰雇佣军司令。在他们之下的军官主要是来自大陆的贵族。威尼斯贵族作为"战地特派员"(comissario in campo)随军监督这些职业指挥官,没有他们的同意指挥官不能行动;或者(在最高

34

---

　　① M. Nani Mocenigo (1935).

层）通过"陆军总监"（provveditore generale dell'esercito in terraferma）实行监督，弗朗切斯科·埃里佐曾四次担任这一职位。①

有74位精英在不同时期出任大使。在四个领域（即中央政府、地方政府、战争和外交）内，外交似乎明显地是以精英们为主导的。外交官极有机会成为督察，而督察也大有可能被任命为外交官。这可能并不令人意外，在17世纪的欧洲外交官必须是地位高和家资殷实的人。

精英成员还担任一些涉及市政管理的职位，但都不太重要，如负责威尼斯治安的巡夜署（provveditori di notte）。督察本身就有市政职能，比如布施以及照管圣马可大教堂、圣马可广场和总督宫，但这些职责不再是其工作的重要部分。威尼斯城因逐渐成为一个领土国家的中心而发生了变化。

最后，值得注意的是有25%的精英从未出仕，其中包括富有的音乐爱好者马尔科·孔塔里尼（Marco Contarini）＊。他可能是不想当官，因为他不但有钱而且姓孔塔里尼，假如他想必定会如愿，所以我认为他更愿潜心于音乐。

需要强调的一点是某些精英任要职的次数。例如，吉罗拉莫·祖斯蒂尼安＊13次出任大议会"贤人"（savio de consiglio）。一个人如果一次出任大使，就可能多次出任。例如，安佐罗·孔塔里尼（Anzolo Contarini）＊两次出任驻罗马大使，两次驻英国大使，一次驻法大使，一次驻费迪南三世皇帝宫廷的大使。精英成员可能同时任两个或三个官职。1612年，阿戈斯蒂诺·纳尼＊被任命为督察。从1612年至1616年的五年内，他15次出仕。1612年，他身兼"贤人"（savio）、特派大使和帕多瓦大学"教务改革家"。②

阿戈斯蒂诺在一年内兼任官职的范围提醒我们，在威尼斯，四个主要政治部门（中央政府、地方政府、战争和外交）并非界限分明。像中

---

① Mallet & Hale (1984).
② F. Nani Mocenigo (1894), 100.

国传统的士大夫或英国的公务员一样,威尼斯贵族也是通才(all-rounder)而不是专家,是业余人士而不是职业人士。有 9 位精英曾在所有四个政治部门任过要职,有 47 人曾在其中三个部门任职。威尼斯的政治体系中也有航海事务专家和金融专家的一席之地,前者如弗朗切斯科·莫罗西尼,后者如铸币局总管祖安弗朗切斯科·普留利*(Zuanfrancesco Priuli),他因找到了一种偿付公债的办法而被选为督察。

不过,更杰出的威尼斯人则是那些通才,包括总督卢纳尔多·多纳*、弗朗切斯科·埃里佐*、安东尼奥·普留利*(Antonio Priuli)和贝尔图奇·瓦列尔*(Bertucci Valier)。例如,多纳是驻西班牙大使、布雷西亚的监军、"贤人"(savio)和"陆军总监"(provveditore generale di terraferma)。安东尼奥·普留利是一艘军舰的指挥,是十人委员会的一员,是出使法国的大使以及帕多瓦的监军。两位杰出的外交官巴蒂斯塔·纳尼*和西莫内·孔塔里尼(Simone Contarini)*没有海军从军经历,但都被请求出任海军最高职位,即"海军总司令"。两人都拒绝了,但重要的是他们会被请求担任这一职位。尼科洛·孔塔里尼*首次出任军职时 64 岁,他在 1617 年参加了反抗哈布斯堡家族的战争。①

使用"政治功能"这一术语可能会造成一种虚假印象。精英们并不是大公无私的公仆。他们中许多人渴望权力,而且作为一个群体,他们以牺牲其他人的利益为代价运用权力。对历史学家或政治理论家来说,权力的零和概念与权力的功能概念一样是必要的。有三个群体被排除在权力之外:低级贵族、威尼斯的平民和威尼斯帝国的属民(包括贵族和平民)。②

从理论上说,低级贵族从来没有被排除在权力之外。关于威尼斯政治体制的传统观念(加斯帕罗·孔塔里尼在 16 世纪撰文对这一观念

36

---

① Cozzi (1958), 148 ff.
② 比较 Davis (1962), ch. 1 和 Pullan (1963)。

作了最著名的论述)认为它是一种混合政体,其中,总督代表君主因素,元老院代表贵族因素,大议会代表民主因素。17 世纪早期,政论家特拉亚诺·博卡利尼(Traiano Boccalini)也强调威尼斯是"贤能政制",因为所有贵族都能指望担任高官。① 并非所有人都接受这一观点,尽管它可能发挥了意识形态的功能,有助于精英掌握权力。16 世纪晚期,让·博丹(Jean Bodin)以其善于透过政治现实表象的天赋论证说,威尼斯曾徘徊于贵族制和民主制之间,但它"已经变成了贵族制,其变化是如此悄无声息,以至于没有人意识到这个等级竟然发生了变化"②。同样,约写于 1660 年的一篇关于威尼斯政府的匿名论文宣称,威尼斯是一种隐蔽的寡头制(oligarchia... in modo... segreto e latente)。③

　　要令人满意地解答这个问题,必须对一个长时段内大量官职的选任情况进行一项统计研究,这样一项研究最好由一群人而不是一位史学家进行。上一章暂时得出的结论是:一个能干但来自并不富有和显赫家族分支的贵族并非不可能跻身精英,但这对富有和有关系的贵族来说更容易。当时对上层贵族(grandi)与其他贵族的区分是有根据的。小贵族对被排除在权力之外心怀怨恨,他们有时会联合起来反抗上层贵族。例如 1582 年的政治体制冲突,当时,十人委员会及其"咨询处"(junta)将外交和财政权交给了元老院,这场冲突一定程度上就是上层贵族与小贵族的冲突;"咨询处"的延存得到了"大元老(senators)及其门客和亲属"的支持。④

37　　16 世纪晚期,威尼斯贵族险些分裂成两个群体,虽则这些群体并非政治党派那样的正式组织。这一时期,几种不同的冲突即将并发。有老一代(vecchi)与年轻一代(giovani)的冲突,有上层贵族与小贵族的结构性冲突,还有当时可被称为"并发性"(conjunctural)的冲突,即

① 　G. Contarini (1543);Boccalini (1910 - 48),bk 1, chs 5, 25;bk 2, ch. 39.
② 　Bodin (1576),bk 4. ch. 1.
③ 　Bacco (1856).
④ 　Molin, 119, 但参考 Lowry (1972)。

西班牙支持者与法国支持者以及虔诚派与反教会派的冲突。①

"现如今看到的大贵族与小贵族(i grandi e la nobilità minore)不合"的另一个例子是 1656 年元老院与大会议的冲突。元老院任命安东尼奥·贝尔纳多(Antonio Bernardo)*为海军总司令,但大议会则选择拉扎罗·莫琴尼格(Lazzaro Mocenigo)*。② 不过另一个可能的事例是二十年后祖安·萨格雷多(Zuan Sagredo)*竞选总督的失败,虽则他动员了一个庞大的亲戚集团来支持他的企图。在 1676 年的选举中,41 位投票人中有 28 人支持他,萨格雷多*已经开始收到好心的祝贺,但此时发生了一场抗议他当选的公众示威(自发的还是政敌组织的不得而知)。大议会决定重新选举,结果阿尔维塞·孔塔里尼*当选。问题在于确定萨格雷多*的反对者是哪些人:民众、小贵族还是与他竞争的大贵族?③

不过,在这一时期,小贵族作为一股政治力量的最著名事例出现在 17 世纪早期,即一场与雷尼尔·泽恩*有关的运动。1625 年,富有而虔诚的祖安·科尔内(Zuan Corner)*当选为总督。他任人唯亲的程度超过了总督的惯常做法,遭到了雷尼尔·泽恩*的抨击,雷尼尔·泽恩*进一步描绘了大贵族与小贵族之间的鸿沟。④ 大议会聆听了泽恩*的发言;有一次,他站起来讲了四个小时,人们听得"极为专注"。当时有个人估计,近三分之二的大议会成员属于他"一派"。⑤ 据说他打算废黜总督,总督的一个儿子对这一危险十分重视,以至试图在 1627 年暗杀他。穷贵族派声称他们无法进入十人委员会并要求进入。

虽有这些激烈的主张和威胁,真正发生的只是:十人委员会地位的微小变化;雷尼尔·泽恩*当选为督察(1628 年);祖安·科尔内*去世

38

---

① Cozzi (1958), 4–18; Bouwsma (1968), 268ff.
② Bacco (1856), 35.
③ Romanin (1853–61), vol. 7, 477–80; Mattozzi (1977).
④ Cozzi (1958); Rose (1974).
⑤ Venier, 119; Cozzi (1958), 247n.

(1629年)后由尼科洛·孔塔里尼*继任,尼科洛是大贵族,他是在雷尼尔·泽恩*(这次选举中的另一个候选人)支持者的帮助下当选的。尽管如此,雷尼尔·泽恩*的运动向我们揭示了有关政治结构的大量信息——公开的冲突往往都能如此。①

首先,值得注意的是,穷贵族的领袖并不是穷贵族。雷尼尔·泽恩*直到运动进行了很久才当选为督察,但他很有关系,他与巴尔巴里戈(Barbarigo)家族和孔塔里尼家族的重要支系结成同盟,而且他在1625年之前已经作为大使出使过萨伏依和罗马。其次,这场冲突表现了小贵族是怎样向大贵族施加压力的。最后,这场冲突也表明这压力多么微弱。你自然会问,为什么这场小贵族运动会如此轻易地失败。一种可能的解释在于交叉的社会纽带的力量。穷贵族与富贵族的"横向团结",被庇护人与门客的"纵向团结"平衡了。雷尼尔·泽恩*有自己的门客,但科尔内也有。一个小贵族可能在忠诚于社会团体和忠诚于庇护人之间挣扎。正如一位杰出的社会人类学家指出的,冲突的忠诚常常是塑造社会凝聚力的一股力量,因为陷入这种冲突的人对于通过妥协解决所有既定争端怀有强烈兴趣。② 这种交叉联系很可能是威尼斯政治冲突较少的根本原因。它也提醒我们不要夸大精英的团结。

39 关于精英是怎样将威尼斯平民和大陆属民排除在权力之外的,我们了解较少。"分而治之"似乎是他们的根本信条。威尼斯平民可分为市民和其他人。市民约占威尼斯人口的5%,换句话说几乎与威尼斯贵族一样少。他们被排除在大议会之外,但他们可以通过许多途径实现抱负。正如16世纪晚期政论家乔瓦尼·博特罗(Giovanni Botero)指出的,宗教互助会,通过将市民和贵族联结在一起而有助于安抚市民。③ 一些职位是留给市民的,包括大秘书长(grand chancelor)以及十

---

① Cozzi (1958), ch. 6.
② Gluckman (1956), ch. 1.
③ Botero (1595), fos 41, 97, 107 – 8; cf Pullan (1964), 103, (1971), 626.

人委员会、元老院和大使们的秘书。大使的秘书是一个实职,因为如果大使在任内(en poste)死亡,其秘书可接任大使。

这些职位(除大使的秘书外)的任期都是终身的。鉴于官职在贵族中的快速轮换,秘书的地位很像高阶公务员,堪比如今的英国部长。其中有些秘书似乎权力很大。据说,1582 年,十人委员会的秘书们支持保留"咨询处",因为他们的权力受到了改革运动的威胁。① 雷尼尔·泽恩*谴责秘书们的统治,或许他特别针对的是祖安巴蒂斯塔·帕达维诺(Zuanbattista Padavino),此人自 1584 年以来一直任十人委员会秘书。雷尼尔·泽恩*认为他是让自己被流放的罪魁祸首。② 奥托本(Ottobon)——这一时期不但成为贵族而且进入精英群体的少数新家庭之一——就是一个曾出任秘书长或秘书的市民家庭。

被夺走了天然领袖的市民或人民(精英视之为"多头怪兽")变得不那么危险。③ 加斯帕罗·孔塔里尼解释说,在威尼斯,贵族和平民间没有冲突的原因在于司法公正和定期的粮食供应。总督和督察当选后向民众抛掷钱币。选举一位渔夫总督(受到真正总督的隆重接待和亲吻)的古老习俗可被视为一种劝说手段,使民众相信自己参加了一个实际上将他们排除在外的体系。有位 17 世纪的作家竟愤世嫉俗到提议政府鼓励两个平民派系,即卡斯特拉尼派(来自海员生活的卡斯特罗区)和尼科洛蒂派(来自渔夫的圣尼科洛教区)每年的拳战,以维持平民的分裂。④

40

类似伎俩也被用于控制大陆的贵族和平民,成效不一。正如乔瓦尼·博特罗指出的,在威尼斯人的统治下,大陆城市的特权并未被废除。⑤ 当地贵族仍可进入市政府委员会。威尼斯监政官(rettori)刻意与当地贵族保持友好关系。有些人被接纳为威尼斯贵族。萨沃尔尼安

---

① Molin, 119ff.
② Cozzi (1958), 265 ff.
③ Relatione 2. fo. 139 r.
④ Relatione 1. fo. 77v.
⑤ Botero (1595), fos 43 ff.

家族,一个来自弗留利的显赫家族,在本书所选时间段开始前已经跻身威尼斯贵族,17 世纪晚期"新加入的贵族"(aggregations)包括安加拉尼家族(维琴察的贵族)、布雷萨家族(特雷维索的贵族)、吉拉尔迪尼家族(Ghirardini,维罗纳的贵族)以及其他许多家族。① 再者,陆地领土的贵族能够并常常在威尼斯共和国的军队中任职。

实际上,地方贵族常常继续行使很大权力。监政官任期太短而无法了解其统治的区域,遑论控制。只举一例,在 17 世纪早期,弗朗切斯科·马丁嫩戈·科莱奥尼(Francesco Martinengo Colleoni)伯爵在其卡韦尔纳格(Cavernago)城堡一带(贝尔加莫地区)是一股必须打击的势力。他滥杀无辜。1619 年,十人委员会对他下发逮捕令,但监政官并未执行命令,他们在报告中为自己开脱:"卡韦尔纳格是个坚固的城堡,有护城河和吊桥,因此要围攻它可能需要数百人……这里还有 100 名铠甲兵和许多火绳枪手。"②

如同在威尼斯城,威尼斯政府在大陆似乎也采取了"分而治之"的
41 政策。据说,弗朗切斯科·埃里佐*管理弗留利时曾建议政府创立一些贵族伯爵,但要将其他人排除在外,以便制造嫌隙,防止当地精英结成统一战线。③ 17 世纪的一项《意见》(Opinion)——曾被认为是保罗·萨尔皮修士(Fra Paolo Sarpi)所提出的——警告威尼斯政府提防帕多瓦、维罗纳和特雷维索,并建议"向他们显示公正执法并不费事,但切莫放过任何羞辱他们的机会",而且若能找出那些不满分子的领袖,"要抓住一切机会清除他们……用毒药将比用绞刑更稳妥,因为优点是一样的,而后者招致的仇恨较少"④。

威尼斯政府是否定期使用毒药作为一种控制手段或可存疑,这篇文章更可能是一篇讽刺文,而不是一份客观描述。不过,心怀不满的贵族

---

① ASV. Misc. Cod. III and Cod. Soranzo 15.
② Belotti (1940), 54.
③ Relatione 1, fo. 84v.
④ Sarpi (1788),该书的英文翻译,London (1707), 55。

肯定是有的。例如,1646年,在康波伦格,一个名叫保罗·扎加罗(Paulo Zagallo)的人公开宣称威尼斯人是"搬弄是非的长鼻子"(*becconazzi fatudi*),他宁愿生活在西班牙人的统治下。我们想知道,多少人怀有同样的想法但太谨慎而不敢吐露心声;扎加罗因其冲动被放逐。[①] 另一方面,大陆贵族与平民的冲突(例如1644年布雷西亚的一场冲突)有利于威尼斯人。[②] 我们又一次看到:交叉冲突导致了相对的稳定。

相比之下,阿姆斯特丹精英的政治功能,特别是其官职的功能范围较窄。官职是城市导向的,一份主要官职的清单充分表明了这一点。除市长和市政府委员会委员外,还有1名治安官(schout)和9名地方法官(schepenen)。另有财政官(一般财政官和特设财政官)、孤儿院院长、保险事务官员,以及负责婚姻、海事、汇兑银行、借贷银行、许可证以及破产事务的专员(commissioner)。在这一时期末,邮政署署长成了一个炙手可热的职位。

42

对许多人来说,当上专员就踏上了通往市政府委员会甚至是市长的阶梯,约有20%的精英在成为市政府委员前或之后,在其职业生涯的某一时期,都管理过救济所:比如麻风病院;或圣约里斯·霍夫(Sint Joris Hof)。有些人掌管过男子惩戒所和女子惩戒所,即拉斯赫伊斯(Rasphuis)和斯宾赫伊斯(Spinhuis)。

乍一看,在阿姆斯特丹,精英的军事功能似乎比在威尼斯重要得多。有近三分之二的精英都是市民卫队(burgerif 或 schutterij)的军官,在进入市政府委员会前一般是少尉或中尉,在加入精英团体后则升任更高官职。不过,我们不应太看重市民卫队(或许译为"集训队"更贴切)成员的身份。事实上,承蒙伦勃朗(Rembrandt)和范·德·赫尔斯特这样的画家,我们无法忘记在阿姆斯特丹等地市民卫队更像是一个

---

① Borgherini-Scarabellin (1917), 42.
② Ventura (1964), 385, 469 ff.

俱乐部而不是军事机构,军官们更善于摆弄叉子和酒杯而不是剑或戟。在一个少有的真正需要他们效力的时刻,即 1672 年法国入侵时,荷兰市民卫队(schutterij)并不是特别有用。① 这个机构像是赫伊津哈作了出色分析的文化中游戏因素的一个佳例,尽管他并未引用这个特殊例子。② 这个印象得到了印证。我们发现,两位市长的儿子分别在 5 岁和 9 岁被任命为阿姆斯特丹卫戍部队的首领。这些职位是对门客和亲戚的一种奖赏。当时曾有人指控比克尔家族在市民卫队安插他们的人。③

另一方面,我们也不应把这些军事活动完全置之不理。人们很容易鄙视穿军装的商人和一支无甚保卫的市民卫队。公平起见,我们应
43 当意识到一些描绘民兵宴饮的画呈现的是一场重大欢庆,即 1648 年与西班牙战争的正式结束。我们还要记住市民卫队在 1578 年政变中的重要作用,那时新移民和宗教流亡者夺取了阿姆斯特政权。我们也不应忘记精英中的一些人了解战争。在涉足城市政治前,J. E. 海德科珀(J. E. Huydecoper)*是一名步兵少尉,而费迪南德·范·科伦(Ferdinand van Collen)*是个龙骑兵的掌旗官(cornet of dragoons)。迪德里克·托林克斯(Diederick Tholincx)*破产后离开阿姆斯特丹,并参了军。迪尔克·巴斯(Dirck Bas)*、费迪南德·范·科伦*和尼古拉斯·维特森*是"战地代表"(军事行动的公共监督员,类似威尼斯的战地特派员)。彼得·哈斯拉埃尔(Pieter Hasselaer)*、迪尔克·德·弗拉明(Dirck de Vlaming)*和科内利斯·范·弗龙斯维克*的儿子都参了军。精英中也有些海军军官,如雅各布·范·内克*、劳伦斯·雷亚埃尔(Laurens Reael)*和维布兰德·沃里克(Wijbrand Warwijck)*。

与威尼斯精英相比,阿姆斯特丹精英的政治功能似乎不太突出。然而在实践中,两者的对比并没有表面看来那样大。事实上,前文所论

---

① Roorda (1961), 70 ff.
② Huizinga (1938).
③ J. E. Elias (1923), 202; K. 6773, 4.

（见本书边码第 7 页）的一个城市统治近郊（即城市周围的乡村）的意大利模式，对我们理解阿姆斯特丹在 17 世纪的地位非常有用。

在最精确（若非最次要）的层面，有个事实值得我们注意：阿姆斯特丹精英对附近乡村的一些地区享有某些权利。市长是一些庄园的永久领主（feoffees）。阿姆斯特尔芬（Amstelveen）就是一个著名的例子，赫拉德·沙埃普（Gerard Schaep）* 自然认为阿姆斯特丹对阿姆斯特尔芬的权利不应受到蔑视。① 类似地，附近默伊登（Muiden）城堡的法警（drost）一职也由市长掌控，C. P. 霍夫特 * 就为他的儿子谋得了这个职位，后者是位诗人和历史学家，"默伊登圈子"因为他而在荷兰文化史上具有举足轻重的地位。再有，F. H. 厄特根斯（F. H. Oetgens）* 使儿子当上圩田官（poldermeester），即掌管阿姆斯特丹附近围田的官员。

虽说如此，将阿姆斯特丹称作一个"城邦"既夸大了其重要性，又使其变得更模糊了。市政府委员会的决议表明，市政府委员并没有将所有时间用于讨论救济所。18 世纪初，他们花费大量时间讨论西班牙王位继承，以及荷兰共和国、英国和瑞典三国防卫联盟的价值。② 为什么？因为扼要地说，市政府委员会统治阿姆斯特丹，阿姆斯特丹统治荷兰，荷兰统治整个联合省。理论上，荷兰共和国是个联邦，其中 7 个省都是平等的；而且理论上阿姆斯特丹只是荷兰省 18 个城市之一。③ 然而实际上，阿姆斯特丹精英有办法得到他们想要的。毕竟，阿姆斯特丹支付了荷兰省 44% 的税款，荷兰省（自 1612 年配额确定以后）支付了整个荷兰共和国 57% 的税收。换言之，一个城市支付了整个国家 25% 的税收。44

阿姆斯特丹向荷兰省的某些省级机构派代表。首先是派往荷兰州联盟（the States of Holland）的代表。州联盟由 19 个代表团组成，一个

---

① Schaep（1655），356 ff.

② GA, Vroedschap, Resolutiën, vols for 1700 – 1702.

③ Fockema Andreae（1961）.

荷兰省贵族代表团以及 18 个城镇的代表团。一个城镇的代表团由市长或前任市长、市议长(或法律顾问)以及市政府委员会的其他一些成员组成。不管一个代表团由多少人组成,每个城镇只能投一票。有 4 个城镇在政策上一般不受阿姆斯特丹控制,即多德雷赫特、哈勒姆、代尔夫特和莱顿。另外 13 个小城镇(例如阿尔克马尔、霍伦、豪达或斯希丹)通常唯阿姆斯特丹马首是瞻,因此阿姆斯特丹的政策就成了荷兰州联盟的政策。

45

人们常常指出阿姆斯特丹的主导地位,但用一种更独特和不寻常的方式,即通过精英集体传记来研究这个问题或许有帮助。例如,有 50 位精英曾在荷兰省的政府委员会(Council in the Committee)任职,该委员会负责税收和防卫。委员会被划分成两个团体,即北方团和南方团。在南方团的 10 名成员中总有 1 人来自阿姆斯特丹。精英成员也担任荷兰省的其他重要职位。1580 年,赫里特·代尔夫特(Gerrit Delft)*担任荷兰省财务总监。51 位精英在某个地方海军部(admiralty)任职,通常是阿姆斯特丹或泽兰(Zeeland)。

荷兰省进而又向某些联邦机构派代表,其中最重要的是联邦代表大会(States-General,其中 7 个省享有平等代表权)和国务委员会(Raad van State),后者由 12 人构成,其中 3 人来自荷兰省。15 名市长及市政府委员被派往参加联邦代表大会,如威廉·巴埃德森*、雷尼耶·康特(Reynier Cant)*、安德里斯·比克尔*、尼古拉斯·维特森*和雅各布·法尔克尼埃尔(Jacob Valckenier)*。14 位精英被派往国务院(Council of State)——包括雅各布·范·内克*、雷尼耶·坎特(Reynier Cant)*、文森特·范·布龙科霍尔斯特(Vicent van Bronckhorst)*、亨德里克·胡德(Hendrick Hudde)*和雅各布·辛罗鹏(Jacob Hinlopen)*。[1]到国务院工作是一项特别辛苦的差事,布龙科霍尔斯特(Bronckhorst)*和胡德*在被任命为派驻国务委员会代表后都辞去了市政府委

---

① 关于范·内克在城市委员会的活动,参考 Terpstra (1960), 138ff, 165ff。

员会委员的职务;他们不得不花很多时间呆在海牙。类似地,昆拉德·布尔赫(Coenraed Burgh)在接受了联邦财务总监这一重要职位后,也辞去了原来的职务。

人们不止一次指出,这些阿姆斯特丹市以外的职位任命,是流放阿姆斯特丹市政府委员会中失势派系领袖的一种手段。正如 C. P. 霍夫特*指出的,"被派往在海牙的省政府委员会(Council in Committee)……的是人们似乎不想在这里看到的前任市长"①。来自编年史的证据也支持这一看法。赫里特·维特森*(Gerrit Vitsen)批评强权人物 F. H. 厄特根斯*的政策,之后他便在 1617 年被派往海牙省政府委员会任职。1651 年,奥兰治亲王命人将科内利斯·比克尔*赶出市政府委员,并随即将他派往海牙。当敌对的法尔克尼埃尔派掌权时,亨里克·霍夫特(Henrick Hooft)*被外派到海牙,而当霍夫特在 1672 年东山再起时,这一次轮到吉利斯·法尔克尼埃尔(Gillis Valckenier)*被派往在海牙的省政府委员会任职。

然而,我们仍可以认为,这些省级和联邦机构的成员身份有助于精英影响(若非主导)荷兰共和国的其他人,尤其在外交事务中。精英成员有时在荷兰事务中扮演着至关重要的政治角色;事实上,乌特勒支联盟(联合省就是由其发展而来的)某种程度上就是通过一位精英的斡旋形成的,即雷尼耶·坎特*,此人先后当过缄默者威廉和拿骚的毛里茨(Maurice of Nassau)的顾问。另外,在 1646 年以后的关键岁月中,在进行和平谈判时,正是强权人物安德里斯·比克尔*领导着联邦代表大会的荷兰省代表团。

出任外交官是精英成员得以影响整个联合省事务的另一途径,阿姆斯特丹人的贸易利益遂通过荷兰共和国的外交政策反映出来。在这一时期有 24 位精英出任外交官。比如 1644 年丹麦与瑞典交战期间,出任两国大使的是安德里斯·比克尔*和赫拉德·沙埃普*。阿尔贝

---

① C. P. Hooft (1871-1925), vol. 1, 70.

特·布尔赫*(Albert Burgh)是驻俄罗斯和丹麦的大使。约安·海德科珀*(苦于不懂德语)成为出任驻勃兰登堡的大使。

阿姆斯特丹及其精英影响荷兰共和国其余方面的另一途径,是通过荷兰的东印度公司和西印度公司及苏里南公司(Society of Surinam)。① 如同荷兰共和国本身,这些公司也有一个联邦结构。它们有地区"分部",每个分部有自己的董事,整个公司的董事就是从他们中选出的,包括东印度公司(Verenigde Oost-Indische Compagnie,简称VOC)的17位董事,西印度公司(West-Indische Compagnie,简称WIC)的19位董事。在东印度公司的17位董事中,阿姆斯特丹人从来没占绝对多数,公司的会议在米德尔堡以及阿姆斯特丹召开。实际上,阿姆斯特丹的权力比纸面上大得多。在东印度公司和西印度公司中,阿姆斯特丹分部都是最重要的。东印度公司成立时,阿姆斯特丹筹集了57%的资金。在任何情况下,17位董事中总有8人来自阿姆斯特丹。

47　　　　阿姆斯特丹人还渗透到其他分部,这可能是保护投资的一种保险策略,或是作为控制公司的一种手段。例如,在17世纪晚期,阿姆斯特丹人拥有东印度公司泽兰分部38%的资金。在1719年,A. 韦尔特斯(A. Velters)向东印度公司代尔夫特分部投资了74 000弗罗林。无论如何,有103位精英(约占精英总数30%)是东印度公司、西印度公司或苏里南公司的董事。这意味着,阿姆斯特丹对一个帝国政府的影响力比威尼斯广泛得多。1609年至1718年,在尼德兰统治下的印度,18位总督中有3人来自阿姆斯特丹统治阶层的家庭。劳伦斯·雷亚埃尔*是一名市政府委员之子,他自1616年起一直统治着东印度公司,后来他本人也跻身市政府委员会。昆拉德·布尔赫*则离开市政府委员会,去库拉索(Curaçao)当了总督。②

---

① 　Dillen (1958); Hoboken (1960); Dillen (1961); R. van Gelder (1993).
② 　Rhede (1891).

1650 年,一本小册子表达了这一忧虑:"阿姆斯特丹这条大鱼会吞噬其他小鱼"以及阿姆斯特丹的统治者(尤其是比克尔家族)图谋成为国家的统治者,创造另一个威尼斯。这个语调歇斯底里、观点夸大其辞的小册子表达了对精英的一种担忧,这种担忧并非空穴来风。[1] 但究竟有多少根据? 要回答这个问题,我们需要遵照罗伯特·达尔的建议(见本书边码第 3—4 页),确认阿姆斯特丹与荷兰共和国其他部分发生冲突的形势。

例如,16 世纪 90 年代,荷兰共和国正与西班牙交战,但阿姆斯特丹的头面人物仍从事着与西班牙的贸易。向西班牙运送粮食的船只是悬挂着假旗帜航行。1596 年,禁止向西班牙和意大利出口粮食的联邦代表大会与反对这一举措的阿姆斯特丹统治者们发生了冲突,阿姆斯特丹胜出。[2] 几年后,决议发生了逆转。尽管阿姆斯特丹市政府委员会在 1607 年 3 月 22 日宣称和平意味着"这些土地不可挽救的损失和衰落",但他们未能阻止联邦与西班牙达成十二年(1609—1621)休战协定。17 世纪 20 年代后期,当与西班牙是战是和的问题再次提上议事日程时,阿姆斯特丹再次失败。但这一次,为公正起见,我们需要补充的是,阿姆斯特丹市政府委员会本身在这个问题上就有分歧。1627年,当海事部(Admiralty)提议海军建设标准化,阿姆斯特丹成功地抵制了这一提议。[3] 1644 年,阿姆斯特丹精英使荷兰共和国卷入了瑞典与丹麦的战争,当时,荷兰派驻两个交战国的大使均为阿姆斯特丹市长。他们的目的是迫使丹麦国王降低荷兰船只通过桑德海峡的过路费。[4]

在其他情况下,如同政治生活中常见的,冲突因为多方卷入而复杂化。我们将按照时间顺序列举一些著名事例说明这一点。1619 年,荷

48

---

[1] K. 6773, 5 – 6.

[2] J. H. Kernkamp (1931 – 4), vol. 2, 190ff.

[3] Méchoulan (1993), 114.

[4] Brugmans (1879 – 1905), 61.

兰大议长扬·范·奥尔登巴内费尔特(Jan Van Oldenbarnevelt)因叛国罪受到审判并被判处死刑。这是扬·范·奥尔登巴内费尔特与国督(拿骚的毛里茨)之间的冲突、战争政策与和平政策的冲突以及一种较宽容的加尔文教与不宽容的加尔文教之间冲突的高潮。一些阿姆斯特丹精英与扬·范·奥范登巴内费尔特发生了冲突,因为后者支持勒梅尔(Le Maire)的澳大利亚公司——荷兰东印度公司的竞争对手——并在1607年讨论是否创建一个西印度公司时持反对意见。参与审判奥尔登巴内费尔特的法官之一雷尼耶·帕乌*(Reynier Pauw)是阿姆斯特丹的一个市长,一个狂热的加尔文教徒,也是东印度公司的创始人之一,他对西印度的贸易也有兴趣。不过,阿姆斯特丹市政府委员会并非一致支持拿骚的毛里茨。事实上,拿骚的毛里茨在1618年对市政府委员会进行了清洗,将其中8人革除,代之以自己任命的人。①

毛里茨的继任费德里克·亨利亲王(Federick Henry)曾宣称:"阿姆斯特丹城是我最大的敌人。"亨利尤其与市长安德里斯·比克尔*发生了冲突。亨利亲王想对地方海事部进行集权式控制,但遭到比克尔*反对。亨利亲王想禁售船只给西班牙,但比克尔*及其同僚亚伯拉罕·博姆(Abraham Boom)*和扬·吉尔文克(Jan Geelvinck)*却从事着这一贸易。他希望继续与西班牙的战争,但比克尔*希望缔结和平(最终于1648年实现)。缔结和平后,阿姆斯特丹统治者与新国督威廉二世又爆发了冲突,因为阿姆斯特丹希望缩减军队,但威廉二世不同意。正是这次冲突导致了1650年那场最引人瞩目的对抗:威廉二世派军队进攻阿姆斯特丹以废黜"比克尔联盟"。②

威廉二世去世后,在国督一职空缺期间,荷兰共和国最有权力的人物大议长(the Grand Pensionary)扬·德·维特(Jan de Witt)于1655年借助与文德拉·比克尔(Wendela Bicker)的婚姻,与阿姆斯特丹精英结

① J. E. Elias (1923), 79ff.
② J. E. Elias (1923), 112ff.

成同盟。文德拉・比克尔是前市长扬・比克尔(Jan Bicker)*之女,科
内利斯・德・格雷夫*的侄女和让・多伊茨(Jean Deutz)*的嫂子。①
1672 年,当威廉三世成为国督,国督与阿姆斯特丹冲突再起。那一年,
国督将 10 人赶出阿姆斯特丹市政府委员会——其中包括比克尔的盟
友安德里斯・德・格雷夫*,代之以他提名的人。虽有这次清洗,阿姆
斯特丹与威廉的冲突一直持续到 17 世纪 80 年代,那时阿姆斯特丹支
持和平政策,反对征兵。②

　　假如精英是一个团结一致的团体,那么这些冲突会是检验其权力
的很好的途径。而事实上,精英群体分裂为许多党派(parties)或——
用一个较少误导性和现代意味的术语——派系(factions),换言之分裂
成许多非正式和比较短命的团体。③ 奥兰治亲王之所以能在 1618 年
清洗阿姆斯特丹市政府委员会,就是因为他得到了雷尼耶・帕乌*为
首的一派的支持,奥兰治亲王的继任之所以能在 1672 年发动一场类似
的政变,也是因为得到了吉利斯・法尔克尼埃尔*派的支持。

　　遗憾的是,我们对这些派系所知甚少,尤其难以判断派系冲突究竟
是政策之争或只是职位之争。问题在于会议的记录簿中并未记录市长
们或市委员们的意见分歧。④ 在有个事例中,我们确实有关于一场政
策之争的很好的证据,恰好属于罗伯特・达尔认为的城市发展的关键
领域。C. P. 霍夫特*攻击 F. H. 厄特根斯*及其朋友利用职务(见本
书边码第 68 页)之便获取地产方面的内部消息,谋取"私利"。在其他
事例中,我们了解了市政府委员会内部的一些宗教冲突(见本书边码
第 106—107 页)。

　　无论在其他方面的分歧有多大,精英群体对"暴民"(het grauw)的
恐惧是一致的。17 世纪晚期,市民卫队上校们提交的一份日期不明的

50

---

① Rowen (1986).
② J. E. Elias (1923), 173ff.
③ Nicholson (1969). 对照 Roorda (1961)。
④ N. de Roever (1889).

报告,就涉及发生骚乱或抢劫时的应对措施。① 1617 年,在阿姆斯特丹,一些阿明尼乌(Arminian)教派显贵的住宅遭到攻击和抢劫,(参与者)可能得到了其敌对教派的鼓动。阿姆斯特丹是个港口,很容易成为水手们闹事的场所,事实的确如此,比如在 1624 年、1628 年、1652 年和 1696 年的水手骚乱。1672 年,当德·维特兄弟在海牙被一伙人杀害后,阿姆斯特丹精英晚上必定再也睡不安稳了。虽然如此,用狂欢节或者通过市长当选时向民众抛洒钱币(威尼斯人就是这么做的)来分散“多头怪兽”的注意力,并非他们的处事风格。他们只是用市民卫队来维持公共秩序。②

　　在阿姆斯特丹和威尼斯都有中心与边缘的冲突,即大都会与帝国的冲突。然而,有一个事实使这一对比复杂化了:你不能不加限定地说阿姆斯特丹是“中心”。阿姆斯特丹或许曾是荷兰的“原动力”(primum mobile)——哈布斯堡王朝的小册子作家利索拉(Lisola)如是说,但作为省和联邦政府中心的海牙是其竞争对手。荷兰州联盟、省政府委员会、联邦代表大会、国务院都设在海牙。海牙还是国督宫廷所在地。威尼斯总督是威尼斯精英的一部分,但其荷兰同类,即“国督”,却完全不属于阿姆斯特丹精英,有时还与精英有剧烈冲突。

　　威尼斯和阿姆斯特丹的统治精英显然并不只是市政府委员会委员而已,他们统治着帝国。威尼斯精英统治着 150 万到 200 万大陆人口。阿姆斯特丹精英则统治着荷兰省的 70 万居民(如果不是整个联合省的 200 万居民的话)。在威尼斯,这种统治通过附属城市的监政官(rettori)制度化了。阿姆斯特丹精英的影响力没有这么正式。市长可能出任外交使节,海军军官可能进入市委员会,但阿姆斯特丹市并未像威尼斯一样控制外交或海军。换言之,在政治结构中,如同在社会结构中,威尼斯是个较正式的社会,阿姆斯特丹是个非正式社会。

51

---

① GA, J. Hudde, Brieven en papieren, no. 42.
② Dekker (1982).

第四章　经济基础

　　帕雷托在其有关精英流动的著名研究中,区分了"食利者"(rentier)与"投机者"(或企业家)。这在某种程度上是依据态度区分的——食利者被定义为缺乏想象力的保守分子,企业家被界定为富有想象力的创新者。这一区分还依据两种截然相反的经济基础。食利者是靠固定收入的人;企业家是那些收入随着其追逐利润所付出的努力而变化的人。这或许是一个经济决定论的例子,但也可以不是。变动的收入可能会激发想象力,但是接下来,喜欢创新的人可能更偏向追逐利润的机会而不是一笔固定收入。在这项有关精英的个案比较研究中,弄清威尼斯人和阿姆斯特丹人是以"食利者"为主还是以"投机者"为主显然是很重要的。了解两个群体彼此,以及他们与两个城市其他群体相较而言的富有程度,也将是有益的。

　　要发现威尼斯精英的财富及其来源,最好的证据是他们的纳税申报,尽管有人告诫这些证据"太零散"而且"难做参考"。① 威尼斯人交纳"什一税"(decima),即"不动产"(主要是房产和地产)年收入的十分之一。威尼斯政府分别在1581年、1661年和1711年进行了什一税评估——事实上本应更频繁些,家长们做的纳税申报保存下来了。②
尽管大陆居民交纳一种不同的税,但威尼斯人在大陆的财产也要交纳什一税,因此(除欺骗行为外)这项资料应能就其地产和房产——虽不是其全部收入——提供一幅相当完整的画面。甚至国家首脑也要公布

---

① Davis 1962; cf. Canal (1908).
② 1973年,这些税收申报的缩微胶卷存放在萨塞克斯(Sussex)大学图书馆。

收入,这一惯例在当时的欧洲必定是独一无二的。

　　1581 年,威尼斯总督和 17 名督察公布了收入;1711 年,威尼斯总督和 37 位督察也这样做了。他们事实上代表了这一时期开始和结束时的全体精英,因此我假定他们是整个精英群体的一个大取样。他们自身并不是一个经济团体,但他们中大部分人都是大宗财产所有者。

　　首先,地产往往是许多分散的小块土地。这可能是一种深思熟虑的策略,以防范破坏农作物的地方灾难。威尼斯人的土地大都位于近在咫尺的帕多瓦和特雷维索地区,但他们也在维琴察和维罗纳附近,在波河平原(朝费拉拉方向)以及远至弗留利(朝的里雅斯特方向)有大量土地。地产通常被分割成许多小块。如马尔科·孔塔里尼*在皮亚佐拉的地产分成了 111 块。土地由当地农民耕种,通常收取一定数量的实物地租,但有时也收取货币租金或者实行作物分享,这给土地所有者编写纳税申报带来了困难。他们不得不计算每 5 年的平均收入。租期一般较短,当时,至少有一篇论述农业的文章建议租期不要超过 5 年。① 土地上种植的作物包括小麦、黑麦、高粱、小米、(橄榄)油、(葡萄)酒,以及到这一时期末种的玉米或当时通常说的"土耳其高粱"(sorgo turco)。文献中经常提到鸡和猪,多是作为"贡礼"(regalia),或是佃户献给地主的常规礼物;但文献中也提到了其他一些家禽。

54　　在威尼斯或在其他城市(比较少见),比如帕多瓦,城市财产包括房产和店铺,从租给其他贵族的宫邸到小店铺不等。如卢纳尔多·多纳*在里阿尔托桥上的帽店。总的来说,城市财产似乎不如土地重要。

　　至于这些财产带来的收入的数额,在 1581 年,18 位公布收入的精英的平均年收入约为 1 300 杜卡特,从马尔科·格里马尼(Marco Grimani)*的 330 杜卡特到杰罗拉莫·达·穆拉(Gerolamo da Mula)*的 3 300 杜卡特不等。1711 年,38 位精英的年平均收入为 7 500 杜卡特,从皮耶罗·泽恩*的 1 257 杜卡特到阿尔维塞·皮萨尼(Alvisa Pisani)*

① Agostinetti (1679), 58ff.

的 35 000 杜卡特不等。要计算杜卡特在 1581 年和在 1711 年的相对价值并不容易。从 1580 年到 1600 年,意大利物价暴涨,但 1620 年或 1630 年后又趋于下降。① 要评估这些数额,最现实的做法可能是把它们与同时期一个威尼斯石匠帮工的年收入作比较,后者的年收入在 16 世纪末和 17 世纪初分别是 50 杜卡特和 70 杜卡特。②

实际差距更大,因为纳税申报不涉及"动产"(beni mobili)。动产包括白银、珠宝以及金钱,后者或为安全起见储存在铸币局(利息为 5%),或投资于商业,或借给私人并宣称或伪装成"租借"(leases / livelli)。③ 我们能从遗嘱中搜集到一些有关动产的信息。一些例子表明了存在铸币局的金钱的重要性,下列诸君的遗嘱提到了它:祖安·达·莱泽(Zuan da Lezze, 死于 1625 年)*;安东尼奥·格里马尼*(1624 年立下遗嘱)要继承人把钱存在那儿;阿尔维塞·巴尔巴里戈*(死于 1678 年);杰罗拉莫·巴萨东纳(Gerolamo Basadona,死于 1697 年)*,其妻的嫁妆(12 000 杜卡特)存在铸币局;阿尔维塞·达·莫斯托(Alvise da Mosto,死于 1701 年)*,他在铸币局存了 39 000 杜卡特巨款;以及费里格·科尔内(Ferigo Corner,死于 1708 年)*。遗嘱中也提到了其他投资形式,如费里格·科尔内*在 1708 年提到"成熟股"(rate maturate),这可能是一种类似延期年金(deferred annuity)的投资。④ 遗憾的是,遗嘱,包括其中含糊其词地提到的"剩余财产"(residue),很少能使我们计算出立遗嘱人的全部财富,因此无法估算在精英的财富中动产和不动产哪个更重要。

仍然主要是从遗嘱中,历史学家搜集到了有关贵族贸易活动的少许信息。至少有些督察加入了威尼斯与中东的传统贸易。在这一时期初,安东尼奥·布拉加丁(Antonio Bragadin)*在阿莱颇(Aleppo)和的

55

---

① Romano (1968).
② Pullan (1968), 158.
③ Pullan (1973).
④ 这一点承蒙 Brian Pullan 的指点。

黎波里(Tripoli)有代理,祖安弗朗切斯科·普留利*在伊斯坦布尔有一位代理;在这一时期末,阿尔维塞·莫琴尼格*在伊斯坦布尔有多个代理。可以肯定有两位来自佛斯卡里尼家族(卡尔米尼分支)的督察参与了贸易活动。贾科莫·佛斯卡里尼(Giacomo Foscarini)*及其子祖安巴蒂斯塔·佛斯卡里尼(Zuanbattista Foscarini)*积极从事油和木材生意。① 波洛·帕鲁塔(Polo Paruta)*参与了与亚历山大里亚的贸易。阿戈斯蒂诺·纳尼*和祖安内·多尔芬(Zuanne Dolfin)*都加入了与叙利亚的贸易。②

有趣的是,我们发现在 1584 年,这些贵族中的两人,即安东尼奥·布拉加丁*和贾科莫·佛斯卡里尼*利用职务之便力主威尼斯继续参加香料贸易。1624 年,安东尼奥·格里马尼*投资 12 000 杜卡特于一个制皂厂,并劝他的继承人继续这一买卖。至于祖安巴蒂斯塔·佛斯卡里尼*,他不只关注油和木材,也关注 17 世纪在威尼斯日益重要的呢绒贸易。

佛斯卡里尼*通过一个代理做生意,在贵族中依靠非贵族出身的代理或合伙人似乎很常见。例如,1660 年,阿尔莫罗·提埃坡罗*(Almoro Tiepolo)与犹太商人萨拉蒙·阿诺布奥诺(Salamon Annobuono)合伙建立了一家丝绸公司。③ 17 世纪晚期,多梅尼科·孔塔里尼*投资 2 000 杜卡特与福斯科利兄弟合伙做生意,后者不是贵族。与阿姆斯特丹人一比较彰显出了威尼斯贵族不做的事——投资合资股份制企业。在威尼斯,主导的商业组织形式仍然是家庭,即便与外人合伙时也不例外。

56 我们发现,精英也出售地产上的产品,在 17 世纪欧洲的大部分地区(从英国到俄罗斯),这是贵族都从事的一项活动。尼科洛·多纳

---

① 关于 A. 布拉加丁(A. Bragadin)*和 G. 佛斯卡里尼(G. Foscarini)*,参考 Cervelli (1966)。

② Lowry (1971),343,354。

③ ASV, Archivio Notarile, busta 720, fo. 181. 我感谢 Alex Cowan 指出这一点。

（Niccolò Donà）* 从事谷物贸易；威尼斯总督祖安·科尔内一世（Zuan I Corner）* 的儿子佐尔齐·科尔内（Zorzi Corner）* 销售牛和谷物；安东尼奥·普留利（Antonio Priuli）* 从事木材买卖。事实上，考虑到他们按照实物地租出租的土地的数量，大部分精英必定都做这种买卖，只是通过一个管家或经理间接从事罢了。

　　精英也通过婚姻和官职的收益敛财。在威尼斯，如同在近代早期欧洲的其他地区，妻子会带来一笔嫁妆。在我们讨论的这个社会群体内，这一时期嫁妆从 5 000 杜卡特到 20 万杜卡特不等。最后一个数字是弗兰切斯基纳·多尔芬（Francheschina Dolfin）嫁妆的数额，她在 1618 年嫁给安东尼奥·普留利* 之子吉罗拉莫。将女儿嫁入在任的威尼斯总督（如普留利就是当时的总督）之家是一桩昂贵的交易。增加嫁妆的一条途径是与地位低的人结婚，即威尼斯贵族圈子外的人。撇开总督祖安·佩萨罗（Zuan Pesaro）* 与其女管家秘密婚姻的谣传不谈，我们发现，这一时期有 10 位精英娶了地位低的女子。其中 3 人娶了新进贵族拉比亚和泽诺比奥家的女儿，其他 7 人娶的都是平民女子，如祖安巴蒂斯塔·科尔内（Zuanbattista Corner）* 娶扎内塔·诺里斯为妻，她的家庭来自布雷西亚，而贝内托·索兰佐（Beneto Soranzo）* 娶了医生之女玛丽亚·弗兰吉尼（Maria Flangini）为妻。[①]

　　官职收益可能是来自宗教官职或世俗官职。教职收益是众所周知的。哲学家托马索·坎帕内拉（Tommaso Campanella）甚至说"绝大多数威尼斯贵族都靠当教士和主教为生"。他是在做反威尼斯宣传，有些夸大其词，但他的夸张是有根据的。[②] 精英中的一些人退出政界进入教会，如当上红衣主教的彼得罗·巴萨东纳（Pietro Bassadona）* 以

　　[①]　10 个例子是：Molin* -Purperata（1576）；Corner* -Noris（c. 1625）；Soranzo* -Flangini（1640）；Grimani* -Bergonzi（1646）；Foscarini* -Labia（1650）；Contarini* -Tomi（1665）；Ottobon* -Maretti（1665）；Lando* -Zenobio（1668）；Zen* -Pio（1692）；Bragadin* - Zenobio（1697）。

　　[②]　转引自 Ventura（1968），677。

57　　及成为维琴察红衣主教和主教的祖安内·多尔芬*。不过,在威尼斯,由于一个大家族的分支往往将资源集中共享,因此我们也有必要考察一下精英的兄弟、叔伯和侄子们捞到的圣职。

　　格里马尼家族、科尔内家族和多尔芬家族的一些分支在这方面特别成功。据说,弗朗切斯科·格里马尼(Francesco Grimani)*、祖安巴蒂斯塔·格里马尼(Zuanbattista Grimani)*和祖安·格里马尼(Zuan Grimani)*都得到他们的亲戚贝尔加莫主教的支持。① 另一位贝尔加莫主教是威尼斯总督祖安一世之子费里格·科尔内,在 1577 年至 1722 年,10 位帕多瓦的主教中有 7 人来自科尔内宗族。② 从 1657 年直至这一时期结束后很长一段时间内,乌迪内的枢机主教总是姓多尔芬。③

　　历史学家往往不太重视政治职位的可能收益,但其实它们也很重要。四十人法庭(quarantia)的职位是对穷困潦倒的贵族的一种著名的救济方式,这是众所周知的。但精英成员也担任一些高薪职位。17 世纪早期,5 名海军高级军官的年薪超过了 1 万杜卡特。④ 大使的年收入从 5 000 至 7 000 杜卡特不等。诚然,这些职位包含任职者的开销,但在薪酬之外还有大量外快和谋利的机会也是真的。困难在于怎样估算这种非正式收入。官方资料自然对此保持缄默,而当时的评论又很可能出于嫉妒而夸大其词。

　　无论如何,似乎值得注意的是 17 世纪观察家评论的“现代炼金术”,它把官职从亏损资源转化成利润资源。据说在 1617 年威尼斯与哈布斯堡家族的战争中,一些显贵侵吞公款以自肥。⑤ 事实上,伟大的弗朗切斯科·莫罗西尼*曾分别在 1663 年和 1670 年两次被指控贪污公款。⑥ 17 世纪中期的一位作家甚至列了一份官职利润(以区别于收

---

① EIP, 47.
② Simioni (1968), 904.
③ Dolfin (1924), 163.
④ Relatione 3, fos 174ff.
⑤ EIP, 18; Relatione 2, fo. 143r.
⑥ Mosto (1960), 435.

入）清单,他提到的最有利可图的官职包括:税务官（governatori delle 58
entrate）,监管直接税;盐务官（provveditori di sale）,掌管政府的食用盐
专营,一项重要的间接税;科孚的总监（provveditori di Corfu,每年12 000
杜卡特）;以及最重要的,驻伊斯坦布尔"特使"（bailo）。[1]　虽然政府给
"特使"资金贿赂土耳其宰相（grand vizier）,[2]但他不必提供账目。有
个作家认为特使可能在三年内赚 10 万杜卡特,或者如果他贪婪的话
会赚更多;另一个人说特使是唯一"可以肆无忌惮地进行抢劫"的
官员。[3]

　　在对威尼斯精英的资源进行了此番总体考察后,是时候探究一下
他们究竟是帕雷托所说的企业家还是食利者了。对于其中一小撮人,
我们可以较有把握地说,他们是字面意义上的企业家,因为他们从事贸
易并对利润感兴趣。安东尼奥·布拉加丁*、贾科莫·佛斯卡里尼*、
安东尼奥·普留利*都是已经引用过的例子。其他人,比如在铸币局
有大量存款的阿尔维塞·达·莫斯托*和费里格·科尔内*,可被合理
地归为食利者。1706 年,科尔内*将财富遗赠给"我在威尼斯的经理
（fattore）……他了解我的一切事务",这是他消极态度的另一标志。然
而,对于大多数精英,我们只知道他们拥有大量土地。

　　有土地并不一定使一个人成为食利者（就本书所使用的该词的意
义而言）。重要的是一个人对土地的态度:是积极还是消极,是对"开
拓性事项"（如亚当·斯密所说）感兴趣还是安于现状并坐等管家收地
租。一些精英对土地的态度无疑是积极的:如马尔坎托尼奥·巴尔巴
罗*,著名的马塞尔（Villa Maser）别墅的主人,该别墅由帕拉弟奥设计
并由韦罗内塞装饰。巴尔巴罗*的情况有点特殊,因为他实际上在威

---

　　① 　Bacco（1856）,153ff.
　　② 　grand vizier 是奥斯曼帝国苏丹的首席部长,从原则上讲,他的职位只能由苏丹本人
罢免,他掌握着帝国的印玺,能够召集大臣们召开国务会议。在克普鲁鲁时期（Köprülü era,
1656 - 1703）的奥斯曼帝国,帝国大权被一些强大的宰相掌握,苏丹相对虚弱。到 19 世纪,奥
斯曼帝国的宰相开始变得像西方君主制国家中的首相。——译注
　　③ 　RA,393;Freschot（1709）,264.

59 尼斯没有财产,而且事实上也没有其他地产。根据他的纳税申报,马塞尔别墅每年有 1 000 杜卡特收入,其中 60% 是出租别墅的租金,另外高达 40% 来自对地产的直接管理。

在 1550 年,威尼斯有三分之一的大陆领土尚未开垦,其中大多是沼泽,但 1600 年前后,贵族财团排干沼泽的热情极高。他们挖水渠,建桥梁。开拓工作大多是威尼斯统治者强迫当地农民完成的,受益的却是威尼斯贵族地主,包括一些精英。① 比如费里格·孔塔里尼*带领一个贵族财团开发特雷维索周围的地区。有一件事也表现了他对农业的兴趣:1572 年,一个名叫阿弗里科·克莱门特(Africo Clemente)的帕多瓦公证员将一本论农业的书题献给他。另外,17 世纪早期,吉罗拉莫·科尔内*也加入了土地开垦。

在一些事例中,你可以看到一些精英累积土地的过程。1607 年,卢卡·米希尔(Luca Michiel)在梅奥洛买了 69 块地(campi),1610 年又买了 11 块地。② 一位不太友好的观察家对这些获取土地的活动做了一种我们可称为"帝国主义的"解释,他指出,威尼斯的监政官对大陆属民"敲骨吸髓",威尼斯贵族侵占公用地并欺诈孤儿寡母。③ 事实确实如此,从 1646 年至 1727 年,约 9 万公顷大陆公用地被出售,其中近 40% 被威尼斯贵族购得。④

有一些事例,文献给人一种印象:精英能够侵犯别人的权利而不受惩罚。安东尼奥·巴尔巴里戈(Antonio Barbarigo)*在帕多瓦的卡萨莱(蒙塔尼亚纳附近)有一块地。当地镇政府抱怨他夺走了一些"我们贫穷的农民放猪的公共地"。这个案件被交给威尼斯的贵族法官们审理,1690 年做了有利于巴尔巴尼戈*的判决,这一年他正担任"公用地总监"(provveditore delli beni inculti),专管威尼斯大陆领土上未开垦的土

60

① Campos (1937), 15 ff.
② BCV, Provenienze Diverse, s. v. 'Luca Michiel'.
③ Relatione 2, fos 144ff.
④ Beltrami (1961), 74ff.

地。这看来像是一个司法不公的案例,但在 300 年后要弄清这件事的真相显然很难了。①

你也会发现一些精英对土地比较消极,或抱有食利者的态度。在整个这一时期,正如我们可以预见的,有些精英雇佣经理或管事照料地产,因为一些地产规模很大而且出于政治或其他原因,地产的主人一年中大部分时间必须住在城里。阿弗里科·克莱门特在其农业专论(从 1572 年至 1714 年有八个意大利文版本)中,建议威尼斯人聘用"能干和经验丰富的经理"(fattori pratici et esperti)并付给他们高薪,他坚持认为他们是职业人士,而不是用来干其他活儿——如照料马匹——的仆人。这一建议可能被采纳了,在 17 世纪,地产经理日益重要和职业化。

以下事实证明了这一职业化趋势:1679 年,一个叫贾科莫·阿戈斯蒂内蒂(Giacomo Agostinetti)的人为这些地产经理出版了一本指南。作者夸口说,他是一个"受过严格训练的管事"(fattore di razza),已在威尼托地区干了 45 年,他的父亲也是一位管事。他负责的地产很大,以致需要一个总管事和一些副手(castaldi)。他让人觉得地产管理高度合理化:他赞扬复式记账法,并建议土地所有人保留其地产的彩绘图,其中每块土地都标上数字,这样他们不必离开威尼斯就能视察他们的土地。

至于土地所有人对地产的控制问题,阿戈斯蒂内蒂的态度有点模棱两可。他建议别墅的生活区不要太靠近农民,因为他们的嘈杂会干扰贵族居民,但也不能太远,否则土地所有者无法进行监视。不过,他接着赞扬了一位不关心购买的土地是靠近帕多瓦还是特雷维索的督察:"我的收入来自布伦塔(Brenta)还是锡莱(Sile)对我来说都无关紧要"——一种食利者的态度,若真有食利者的话。但一个企业家式的

61

---

① BCV, *Provenienze Diverse*, C. 2347, busta 17.

地主可能不会任用管事。①

一些精英的遗嘱提到了管事。弗朗切斯科·科尔内(Francesco Corner,死于 1584 年)*曾让"管事"(fattori)管理他在塞浦路斯的地产,他们并不完全诚实。因此他建议继承人亲自打理地产。另一方面,阿尔维塞·巴尔巴里戈*将其在梅尔拉纳的别墅特别遗赠给"管事",作为对其出色和忠诚服务的回报。顺便说一句,我们绝不能假定地主不在场就意味着地产没有发展。18 世纪中期,(帕多瓦附近的)安圭拉腊的特龙(Tron)地产的管事们就开垦土地,改良耕作技术。② 不过,若将威尼斯贵族与欧洲其他贵族地主比较,一个突出的现象是,没有威尼斯贵族撰写农业论著和组建农业协会。③

如果说我们并不完全了解精英对地产管理的细节怀有多大兴趣,那么,他们怎样对待农业工人——睡在马厩里或住在茅屋里,而他们的主人住在宫殿中——我们就更不清楚了。17 世纪,为威尼托地区的贵族地主撰写的两部农业论著都讨论了劳工问题。G. B. 巴尔波(G. B. Barpo),一个来自贝卢诺(Belluno)的健谈的教士指出,若不是那些邪恶、嫉妒、傲慢和顽固的劳工,地产会令人愉快。④ 而阿戈斯蒂内蒂采取了一条温和路线。他知道有些佃户在葡萄酒里掺水或进行其他欺诈,但他承认其他人都是可靠的。地主的慷慨是一项好投资:"好地主有好工人。"阿戈斯蒂内蒂本质上是主张操控农民的。在书中某处,他将挑选耕犁和挑选佃农相提并论;农民也是一种工具。

一位外国访客,即吉尔伯特·伯内特(Gilbert Burnet)教士宣称:"在威尼斯的领土上……他们残酷无情地压迫佃农,农民的生活惨不可言。"⑤他在这里待的时间不长,因此他的评论并未受到贵族地主的重视。然而,任何人只要愿意仔细阅读《贵族大全》(*Il Barbaro*),都会

62

---

① Agostinetti (1679); cf. Venura (1969).
② Georgelin (1968).
③ Berengo (1956), 94.
④ Barpo (1634), 26ff.
⑤ Burnet (1686), 27.

读到对威尼斯贵族地主的另一个评论,该书是著名的威尼斯家谱汇编,附有每个人生平的注解。你常常读到一条怵目惊心的附注:"被农民杀害(ammazzato da' contadini)"。

在阿姆斯特丹,"纳税评估"(kohieren)再次成为考察精英财富的唯一最佳材料,不过,纳税评估(分别在 1585 年、1631 年、1674 年和 1742 年进行)的间隔让一些极其富有的人钻了空子,其中包括亚历山大·韦尔特斯(Alexander Velters)*,他 1719 年去世时留下逾 100 万弗罗林的财产;还有杰罗尼穆斯·德·阿泽(Jeronimus de Haze)*,他 1725 年去世时财产超过了 300 万弗罗林。① 税的名目是"2/100 便士税",即财产的 5%(1742 年被收入税取代)。1585 年,65 个个体或家庭的税被评估为 50 弗罗林或更多。18 位精英(约精英的一半)属于这一群体,在阿姆斯特丹,财产税数额最高的是市长迪尔克·格雷夫(Dirck Graeff)*和老威廉·巴埃德森*,前者缴纳了 210 弗罗林,后者缴纳了 200 弗罗林。1631 年,100 个个体或家庭的财产税被评估为 500 弗罗林或更多,这意味着他们的财产可能价值 10 万弗罗林或更多。这些人中有 16 位精英,最大一笔财产,即 50 万弗罗林,是已故市长雅各布·波彭*的继承人公布的。1674 年,259 个个体或家庭的财产税被评估为 500 弗罗林或更多;这些人中有 35 位精英,其中最富的是约安·科尔韦尔(Joan Corver)*,拥有 419 000 弗罗林。七年后,他当上了市长。1742 年,有 103 人公布收入为 16 000 弗罗林或更多,其中有 27 位精英。市长 D. 特里普(D. Trip)*、J. 西克斯(J. Six)*和 L. 吉尔文克(L. Geelvinck)*分别是第二富、第三富和第五富。要剖析所有这些数字可能需要补充一点:当时一个熟练工人的年收入约为 200 弗

63

---

① 关于 1585 年、1631 年和 1742 年的"纳税评估"(kohieren),参考 Dillen (1941),Frederiks and Frederiks (1890),以及 Oldewelt (1945);关于 1674 年的"纳税评估",参考 GA, Kohieren。

罗林。①

当然,在威尼斯或者事实上在任何其他地方,历史学家不能只是接受这些纳税申报的表面数字。在一些情况下,我们可以用其他材料检验这些纳税申报——这样的材料很缺乏。雅各布·波彭*在1624年去世时留下92万弗罗林,但到1631年,其继承人被评估的财产仅为50万弗罗林。1631年,迪尔克·巴斯*的财产被评估为10万弗罗林,但他1637年去世时留下了50万弗罗林。E. 特里普(E. Trip)在1674年公布的财产为24万弗罗林,但研究该家族的一部专著认为这只是其实际财富的20%—25%。②

另一方面,申报中出现的一些数额可能被夸大了。1674年,安德里斯·德·格雷夫*的财产被评估为292 000弗罗林,负责评估的是他的政敌吉利斯·法尔克尼埃尔*和尼古拉斯·维特森*。德·格雷夫意识到个中危险,更换了住所,搬到乌特勒支以逃避阿姆斯特丹的税,但他的伎俩失败了。可能是其派系的一名支持者在市政厅墙上贴了一张纸,上面写着:"'马太福音17章24—27节'。圣马太说:'耶稣问彼得:世上的君王向谁征收关税、丁税? 是向自己的儿子呢? 是向外人呢? 彼得说:是向外人。耶稣说:既然如此,儿子就可以免税了。'"③

与威尼斯的纳税记录不同,阿姆斯特丹的纳税记录并未说明一个人财富的构成。因此,我们有必要参照其他类型的材料,尤其是"旁系继承登记"(简称CS),因为旁系继承人需要缴纳5%的税,这意味着继承必须被详细记载在册。这些资料清楚地表明,阿姆斯特丹精英投资于房屋、土地、船只、股票和债券。17世纪,阿姆斯特丹急剧扩张的一个后果就是房价暴涨,一座房屋常常被几个所有者分割。约西亚斯·范·德·布洛克里(Josias van de Blocquery)*拥有阿姆斯特丹一座房子的三十二分之五。房子是一项可靠但利润不是特别丰厚的投资。在

---

① Méchoulan (1993), 83.

② P. W. Klein (1965).

③ Bontemantel (1897), vol. 2, 107ff.

1622 年,有人估计房产收益为年收入的 3%。①

土地也带来 3% 的年收入,同样可靠而利润微薄。② 似乎约 30% 的阿姆斯特丹精英有一些地,但我们尚不清楚这些土地的用途。在我们了解某些细节的少数例子中,土地的使用模式似乎各不相同。约安内斯·胡德*被形容为一个"牛倌"(osseweider)。不管怎样,他拥有的土地并不多,价值仅为 4 000 多弗罗林。他最大的一块地有 15 摩根(morgen),就在阿姆斯特丹城外,斯洛特迪克附近,土地上还有农舍,是农民为他养牛吗?③ 弗雷德里克·威廉·范·隆(Fredrik Willem Van Loon)*有一个叫作"特雷斯龙"(Treslong)的农场,但也有许多小块土地,它们似乎被作为"住所"租出去了。④ 与其他人不同,马腾·范·隆(Marten Van Loon)的土地具有庄园权利。雅各布·德·格雷夫*将他的泽伊德波尔斯布洛克庄园交给一个管事管理。我们不清楚这一做法是否普遍。⑤

第三项可能的投资,是投资于航海,即贸易冒险,这种投资在 16 世纪末和 17 世纪初非常流行。⑥ 例如,1588 年,当科内利斯·约里斯宗(Cornelisz Joriszoon)*与格里特格·巴克尔(Grietge Baeker)结婚时,他的家产为 24 000 弗罗林,其中有 2 000 弗罗林投资于远洋航行。⑦ 在 17 世纪早期,随着荷兰东印度公司的崛起,这种投资被股票(actiën)取代。在那一时期的阿姆斯特丹,股票交易投机早已是一门精湛的艺术,因此股票是一种有风险的投资,但也有获得巨额利润的可能。1628 年,海军将领皮特·海因(Piet Hein)俘获了西班牙运送白银的舰队,荷兰西印度公司将其中 50% 分给他。至于荷兰东印度公司的成功,我们可通过以下事实衡量:1722 年尼古拉斯·范·班比克(Nicolass van

---

① G. W. Kernkamp (1897), 29.
② CS, vol. 19, fo. 300.
③ CS, vol. 16, fo. 482.
④ CS, vol. 13, fo. 158.
⑤ GA, Graeff papers, no. 43.
⑥ H. A. E. van Gelder (1918), 29ff.
⑦ GA, Backer papers, no. 63.

Bambeeck)*去世时,他持有的东印度公司"老股票"的票面价值为 21 000 弗罗林,而其实际价值被评估为 146 000 弗罗林。①

65   股票投资也可能遭遇巨大损失。为了降低风险,股票持有者将手中的股票分配于不同公司和同一公司的不同分部。如亚历山大·韦尔特斯*持有东印度公司(阿姆斯特丹分部)和西印度公司(阿姆斯特丹分部)的股票,还有东印度公司在代尔夫特和恩克赫伊增(Enkhuizen)分部的股票。② 杰罗尼穆斯·德·阿泽*既投资于英国南海公司,也投资于许多荷兰公司。③

第四项投资是债券,也就是放贷,通常是贷给阿姆斯特丹城或荷兰省。在 1622 年,据说这能带来 5% 或 6% 的年收益,几乎是房产和地产收益的一倍;但在 1679 年,阿姆斯特丹只支付 4% 的利息。④ 东印度公司也通过这种方式借钱。投资公债的另一个选择是购买年金(annui-ties),它可以像股票那样购买或出售。一种是特别的"短期年金"(los-rente brief),可以赎回。另一类是终生年金,年金持有人死亡时到期。⑤

显然,了解阿姆斯特丹精英的财富在这四种投资中的分配比例是非常重要的。遗憾的是,只有少数例子可能对这一问题提供精确答案,其中大多(确切地说是 15 个)出自 18 世纪早期。从这些例子可以发现,在 1700 年左右,一位精英的典型投资模式是:财富的 50% 投资于债券,32% 投资于股票,12% 投资于房产,6% 投资于地产。17 世纪早期一些更零散的证据表明,1600 年前后,土地是一种比较重要的投资,约占财富的 30%。债券的重要性低得多。股票分散在特定船只的特定航行。(关于这段文字的证据,参见本书的附录)。

因为阿姆斯特丹的精英不是贵族,人们常常根据职业描述他们,所
66 以,对他们如何赚钱和如何投资我们能说出一二。J. E. 埃利亚斯搜

---

① CS, vol. 18, fo. 1156.
② CS, vol. 18, fo. 61.
③ CS, vol. 19, fo. 1017.
④ GA, Vroedschap, Resoluti？n, vol. 33, 4ff.
⑤ Houtzager (1950).

集了当时有关阿姆斯特丹城市委员的职业描述。近一半委员被描绘为某种商人,包括鲱鱼商,比如科内利斯·约里斯宗*、赫里特·代尔夫特*或克拉斯·范·弗龙斯维克(Claes van Vlooswijck)*。这是阿姆斯特丹的一种传统职业,如同木材商(哈尔门·范·德·波尔*及其子扬·范·德·波尔*)、绳索商[彼得·博姆(Pieter Boom)*和扬·韦尔布赫*]、制皂商(如斯皮格尔家族的许多人)或酿酒商(比克尔家族就靠这个职业发财的)。

1600 年前后这些职业占主导地位,但接着职业模式开始发生变化。① 一些精英迅速进入新的、危险和有利可图的对印贸易中。赫里特·比克尔*1604 年去世前正从酿酒业转入与东印度的贸易;而亨德里克·胡德(Hendrick Hudde)*早在 1594 年就已参与到这一贸易中。有三分之一的精英是东印度公司、西印度公司或苏里南公司的董事。

到这一时期末,银行业成为一个重要行业,或至少是贸易兼营银行,如巴尔塔扎·斯科特(Balthasar Scot)*及其父亲埃弗拉德·斯科特(Everard Scot)*、丹尼尔·奥舍皮耶(Daniel Hochepied)*和让·多伊茨*。在 17 世纪,书籍印刷和销售在阿姆斯特丹变得重要起来,印刷业大王无疑是约安·布劳*博士,他在布洛埃姆格拉希特(Bloemgracht)的印刷所是欧洲最大和最现代化的印刷所。他是东印度公司的制图员,还参与了向弗吉尼亚种植园运送奴隶的贸易。②

有 14 位精英被描绘为"农产品销售商"(zuivelkooper)或是"家畜饲养人"(ossenweider)。我们可称之为企业家式地主。家畜饲养是指从荷尔斯泰因地区进口瘦牛,养肥后出售,以供养阿姆斯特丹日益增长的人口——若以下事实可作为论据的话,这一行当正变得越来越重要:1660 年,丹麦牛的市场从恩克赫伊增迁至阿姆斯特丹。③ 这一群体包括巴尔塔扎·阿佩尔曼(Balthasar Appelman)*和约安内斯·胡德*。

① Ravesteyn (1906), 272.
② Koeman (1970), 10.
③ Nielsen (1933), 141, 166.

若加上商人,那么这两个群体占了精英的一半多。进取精神的另一表现形式是参加拦海造田,尤其是普尔梅尔(Purmer)和比姆斯特(Beemster)的拦海造田工程。1608年,在比姆斯特最初的16位大地主中有4位精英:彼得·博姆*、巴托尔德·克罗姆胡特(Barthold Cromhont)*、扬·腾·赫罗腾赫伊斯(Jan ten Grootenhuis)*和雅各布·波彭*。这一令人瞩目和有利可图的事业(最突出的是排水工程中使用了风车),或许有助于解释雅各布·波彭*等人(上文本书边码第62页)是如何获得那么多土地的。①

有30位阿姆斯特丹精英(刚好不足精英的10%)是职业人士,主要是律师,比如三名来自同一个家庭的律师科内利斯·克洛埃科(Cornelis Cloeck)*、南宁·克洛埃科(Nanning Cloeck)*和彼得·克洛埃科(Pieter Cloeck)*。也有一些医生,马丁·科斯特(Martin Coster)*和尼古拉斯·蒂尔普*是最著名的例子。另一位是扬·范·哈尔托格维尔特(Jan van Hartoghvelt)*,有一次他的政敌为他安排了一次出诊,以使他错过委员会的一次重要会议。也有一些海军军官,其中最著名的是雅各布·范·内克(Jacob van Neck)*。有39位精英是公司董事,但没有被描述为商人或律师,我们不知道要把他们看成是商人还是官僚。

这项简短考察的最显著特征无疑是:尽管阿姆斯特丹精英首先是按照政治标准界定的,但结果证明超过一半的精英关心贸易,三分之一的精英与东、西印度公司有关联。精英的经济基础与他们的一些政治态度有关联,这应该是没有疑问的。有一些有权有势的人,对于他们你可以公平地说——套用查理·威尔逊(Charles Wilson,美国国务卿而非英国史学家)的一句话——其行为就好像联合省的事就是买卖,好像对东印度公司有益的也对荷兰共和国有益。商业、政治和战争之间的联系,比朝鲜战争时期C. 赖特·米尔斯在美国"统治精英"中发现的联系还要紧密。阿姆斯特丹城市委员会中的军火商,包括雷尼耶·

68

---

① Bouman (1856 – 7), 263ff.

坎特*、路易·特里普*和吉利斯·绍提津(Gills Sautijin)*(后两位是国督威廉三世安插进委员会的,以支持他的战争政策,大部分城市委员支持和平)。17 世纪早期,亚伯拉罕·博姆*和扬·吉尔文克*向西班牙出售船只,而安德里斯·比克尔*为西班牙提供白银,这笔钱用于供养在尼德兰的西班牙军队。难怪阿姆斯特丹城市委员会在 1607 年说和平将毁掉"这些土地"。①

关于阿姆斯特丹精英经济基础最后的问题是:他们是食利者还是企业家? 有 77 位精英(即略低于精英总数的 25%)似乎根本没有职业。在当时的职业描述没有保存下来的情况下,构建这个论点显然是危险的。但在许多事例中,我们也有确凿证据表明,这些人就是当时人所说的"食利者"(renteniers),即依靠债券利息为生的人。这些"食利者"(renteniers,威廉·坦普尔爵士这样翻译这个荷兰术语)是我们所说的"食利者"的经典案例。他们包括弗雷德里克·威廉·范·隆*、雅各布·比克尔(Jacob Bicker)*和尼古拉斯·范·班比克*。

在其他情况下,要把一些人归类为食利者或企业家更难,因为,就这些术语广泛的意义(此处就是这样使用的)上说,态度与投资一样重要。例如,市长 F. H. 厄特根斯*拥有大量城市财产。一个靠房租生活的人看起来像食利者,但事实上,厄特根斯是一个不动产专家和大胆的投机者。他是阿姆斯特丹的"城市规划师"(stadsfabriekmeester),规划城市的发展。他在城墙外靠近哈勒姆城门的地方购买土地,然后朝这一方向规划城市的发展,结果他的财产急剧升值。C. P. 霍夫特*抗议厄特根斯*的做法,希望市政府接管这些土地,但厄特根斯*设法保住了他获得的。② 难怪一个风趣的阿姆斯特丹人将某些城区称为"约旦"(Jordaan),即"应许之地",这个名称很贴切。再有,投资土地的雅各布·波彭*也像一个食利者,但他亲身参与了一项开拓性工程,即比姆

69

---

① Brugmas (1897 – 1905), 61.
② N. de Roever (1889), 66ff.

斯特的排水造田工程。颇具悖论的是,在 17 世纪早期,当阿姆斯特丹精英最多卷入土地时,其态度最具企业家精神,而他们退出土地转向债券则与"食利者"态度的兴起同时出现。

总结如下:应有可能对两座城市进行精确比较的一项内容是财富,但事实上很难说两个精英群体哪个更富有。这不是把杜卡特转换成弗罗林的问题——这倒是很容易,至少在 1609 年阿姆斯特丹交易所建立之后是这样。在 1609 年,1 个杜卡特约值 2.5 个弗罗林,到 1718 年下跌为 2 个弗罗林。① 真正的困难在于将 1674 年"纳税评估"(kohier)提供的阿姆斯特丹人收入的信息,与出自 1711 年"什一税"(decima)的威尼斯人财产的信息进行比较。

1711 年,威尼斯精英的平均财富可被合理估计为平均每人 15 万杜卡特,相当于 30 万弗罗林。要对阿姆斯特丹精英的财富做一个较合理的估计,我们需要追溯到 1675 年。当时,阿姆斯特丹精英的财富是平均每人 16.7 万弗罗林,略高于威尼斯精英平均财富的一半。这个结论出现在 17 世纪晚期令人吃惊,因为此时阿姆斯特丹正如日中天,而威尼斯正日益衰落。

其他的比较更加模糊并更简单,根据作为两种相反的心理学和经济学类型的"食利者"和"企业家"的宽泛定义,威尼斯似乎是"食利者"占主导(有一些企业家),而阿姆斯特丹是"企业家"占主导(有一些食利者)。在 17 世纪,两地的精英都出现了从企业家向食利者的转变,这一转变将是下一章讨论的主题。其他区别都与这一主要差异有关。在阿姆斯特丹,土地是一项重要投资,但在威尼斯却不然。威尼斯可能曾是北意大利的殖民者,但是威尼斯人错过了在西印度和东印度更有利可图的殖民活动。

70 在威尼斯,有大量事例表明官职收益是重要的敛财途径。在阿姆斯特丹,这种收入不太重要,可能治安官一职是个例外(1650 年左右,

---

① Posthumus (1943 – 64), vol. 1, 590ff.

其职俸为 500 弗罗林,但其隐形收入很可能有 6 000 弗罗林)。[1] 政治利润在阿姆斯特丹更间接,主要是朝阿姆斯特丹商人希望的方向影响荷兰共和国的外交政策。在 17 世纪,将政治看作一种利益来源是很自然的事,虽然它可能会使现代欧洲读者震惊。假使读者记得政治也是一种亏损资源,这一事实——绝不仅限于威尼斯和阿姆斯特丹——或许能变得更容易理解,有些人因为按照所任职位要求的方式生活而毁了自己。两个精英群体的生活方式和消费模式构成了下一章的主题。

---

[1] G. K. Kernkamp (1897), 100.

第五章 生活方式

现在,我们从财富的获取和投资转向两个精英群体消费财富的方式以及这种消费造就的生活方式。我们必须在下一章分别对这两个群体进行描述,除了他们不同的态度和价值观,还有他们各自走路、谈话、工作或休闲的惯常方式,这些是通过训练儿童效仿某种特定理想形成的。

威尼斯方式是一种贵族方式,威尼斯贵族使用族徽并痴迷家族谱系〔《贵族大全》(*Il Barbaro*)是整个威尼斯贵族的一部家谱汇编,16 世纪晚期开始形成〕。督察们类似一种高阶贵族。他们身穿特殊的紫色或青色服装(当时称为 paonazzo),长袖拖曳于地,这种服装将他们与其他贵族区别开来。每当新督察当选要举行盛大的通过仪式(rite of passage),吹号角,鸣礼炮,在街上展示当选督察的画像,向人们分发面包、酒和钱币,游行队列从圣萨尔瓦多教堂一直行进到圣马可教堂。

依照欧洲标准,威尼斯贵族在其他方面是一群最不同寻常的贵族。他们的黑色长袍清楚地表明他们属于穿袍贵族而非佩剑贵族。虽然他们中一些人有光辉的海军生涯,但他们本质上是平民。与欧洲其他地方的贵族同行不同,威尼斯贵族在公众场合一般不佩剑。就像中国的士大夫(他们的相似点不止一处),他们不善于骑马。15 世纪,佛罗伦萨人文学者波焦·布拉乔利尼(Poggio Bracciolini)记载了一个笑话,说一个威尼斯人不认得自己的马。① 当然,在这个水道纵横交错的城市,马和现在的汽车一样毫无用处。1608 年,英国旅行家托马斯·科里亚

---

① Bracciolini (1880).

特(Thomas Coryat)提到:"在威尼斯逗留的六周内,我在全城只见到了一匹马。"①

威尼斯贵族的传统生活方式是节俭而不是铺张,这对于一个贵族同样不同寻常。威尼斯总督卢纳尔多·多纳*或许是一个很好的例子,因为在 17 世纪早期,他被时人奉为威尼斯贵族的楷模。多纳*节俭到近乎吝啬的程度。他叮嘱他的继承人要生活简朴,甚至他的马车都是二手货。② 还有,传言祖安·萨格雷多*出任大使住在巴黎时,他在谒见法国国王后回到住处会让仆从们脱下制服,以免磨损和撕破。③科里亚特评论整个威尼斯贵族说,虽然他们中有些人很富,但"他们不盛情款待客人,也没有殷勤的侍从环伺左右,只有粗茶淡饭"。他评论说,人们可以看到贵族亲自去市场买菜,他认为这种做法有辱身份。④传统的节俭理想受到禁奢法的鼓励,这些法令是由"排场总监"(prov-veditori alle pompe)颁发的。禁奢法在 17 世纪的欧洲司空见惯,但把它们用于贵族却不常见。在 1658 年,威尼斯贵族被禁止使用银餐盘,并且在宴会上客人每次不得食用超过 1.5 磅杏仁糖。⑤

威尼斯贵族非常看重庄重和尊严。他们的长袍迫使他们以一种缓慢而端庄的步态行走,而贡多拉使他们的行进愈发庄严。⑥ 一些精英的庄重尤其引人瞩目。例如,据记载威尼斯总督弗朗切斯科·莫罗西尼*从不在公共场合跷二郎腿。⑦ 尼科洛·科尔内(Nicolò Corner)*被形容为"仪表堂堂"(bellissima presenza)和有王室风范。⑧ 礼节也是威尼斯方式的一部分。科里亚特注意到,威尼斯贵族"以非常文雅和礼貌的姿势相互屈身致意,比如弯腰并把右手放在胸前",而一位法国访

73

① Coryat (1611).
② Cutolo (1953), 278; cf. Davis (1975), 37–41.
③ RA, 414.
④ Coryat (1611), vol. 1, 415, 397.
⑤ Bistort (1912), esp. 414–67.
⑥ 关于意大利姿势的历史,参考 Burke (1991b)。
⑦ Mosto (1960), 435.
⑧ RA, 399.

客则评论了亲吻衣袖的问候习惯。① 这种文化风格通过年轻人模仿年长者形成，因为总督和督察通常都是老人。1578 年至 1720 年当选的 25 位总督，当选时的平均年龄为 67 岁。无论如何，正如 1594 年造访威尼斯的英国贵族法因斯·莫里森（Fynes Moryson）所敏锐观察到的，威尼斯人"未老先衰"，或更确切地说"看上去比实际年龄老"。② 多纳*领导的群体除了在威尼斯还能在哪里被称为"青年帮"（giovani）？1582 年时多纳*46 岁，当选总督时 70 岁。

威尼斯文化风格的另一个要素是注重缄默。16 世纪晚期，总督宫内的寓意画不仅有《名誉》和《胜利》，还有《缄默》（*Taciturnity*）。③ 卢纳尔多·多纳*为自己写的一句提醒是"切莫饶舌"（non esser loquace）。精心表现的讳莫如深被奉为理想。正如保罗·萨尔皮有一次谈到多纳*时说，"你永远不知道他喜欢什么或者讨厌什么"④。威尼斯人并不只是在狂欢节戴面具。在 17 世纪，喜欢伪装和掩饰在欧洲精英中很常见，但威尼斯贵族似乎尤其热衷于此，这或许与"碰头会"（broglio）——他们在圣马可广场上的非正式聚会（参见本书边码第 79 页）——有一定关系。威尼斯私人家庭教师安东尼诺·科卢拉菲（Antonino Colluraffi）建议贵族们在"碰头会"上洞察别人的心思，"以便更好地迎合他们的脾气"。⑤ 安东尼奥·奥托本*建议儿子效仿普洛透斯（Proteus），对人八面玲珑以取悦所有人。一位观察家不太友好地指出，威尼斯贵族"彼此非常虚伪，他们无论多么讨厌一个人，脸上总是带着友善的表情"。⑥ 如果说当时的人发现威尼斯贵族难以理解，那么 20 世纪研究威尼斯贵族的史学家最好当心不要过于自信。

威尼斯贵族的生活方式以节俭、庄重和谨慎为标志。其主调是自

---

① Coryat (1611), vol. 1, 399; Misson (1619 – 8), vol. 1, 196.
② Moryson (1907 – 8), vol. 1, 164.
③ Bardi (1587), fo. 30. 关于缄默的历史，参考 Burke (1993a)。
④ Seneca (1959), 37.
⑤ Colluraffi (1623 – 33), vol. 1, ch. 19.
⑥ Amelot (1676), 338.

我控制。当地的精神特质不鼓励在吃、喝、说话和花费上过度。卢纳尔多·多纳*加上了一条守贞愿,尼科洛·孔塔里尼*也是如此,据说他去世时还是处男。个体贵族被期望为了家族和城市的利益压制自己的欲望甚至是个性。"在罗马教廷我更愿作为威尼斯大使……而不是卢纳尔多·多纳*为人所知;同样的,在威尼斯我希望人们记住我是国家议员……而不是我个人的名字。"① 当在公共场所树立高官塑像的风气日益盛行时,威尼斯政府坚决反对这种个人崇拜。例如,1623 年,元老院出面禁止在贝卢诺城广场树立贝卢诺总督的塑像。② 这种态度——无论应把它形容为谦逊还是吝啬——延续到死后。多纳*要求继承人只用 500 杜卡特为他修建陵墓。许多精英在遗嘱中宣称希望节俭入葬(对一个 17 世纪贵族来说是罕见的),费里格·孔塔里尼*甚至以10 000杜卡特罚金强制继承人执行其遗愿。

1617 年,一个名叫卡洛斯·加西亚(Carlos García)的人出版了一本有关西班牙人与法国人之对比的书,包括其着装、饮酒、走路和说话的方式。该书很快被译成意大利语,而且从该书多次再版可以判断,它在意大利相当成功。③ 或许是在加西亚的影响下,17 世纪一位不知名的威尼斯观察家将贵族传统的生活方式,特别是其庄重和礼节,形容为一种"西班牙风格"(genio spagnuolo)。不过,这位观察家也注意到存在一种相反的"法国风格"——更开放、浮夸、慷慨和放松。④ 例如,弗朗切斯科·孔塔里尼(Francesco Contarini)*是一个"风度翩翩"(dolce maniera)的人。⑤ 另一位不知名的观察家用同样的语调描绘尼科洛·科尔内*是友善的,甚至是"和蔼快活的",并形容皮耶罗·多尔芬(Piero Dolfin)*是个快活、令人愉快和喜欢许空头愿的人。⑥ 同样的,

---

① Bouwsma (1968), 234.
② Chambers & Pullan (1992), 410.
③ García (1617).
④ EIP, passim.
⑤ EIP, 49.
⑥ RA, 399, 374.

总督多梅尼科·孔塔里尼*也以其文雅(douceur)和"亲切"(affabilité)给一位法国访客留下了深刻印象。①

简言之,在 17 世纪,威尼斯贵族的传统生活方式正在发生变化。这一时期,在年轻贵族中甚至骑术也日渐流行。1600 年,帕多瓦的督政官和监军组织了一次马上比武大会。17 世纪早期,骑术学校在大陆建起来,约从 1600 年起,威尼斯城内也有了一所骑术学校,即门迪坎迪的"骑术学校"(La Cavallerizza)。② 大约同时,炫耀式消费似乎也在日益发展。③

在威尼斯贵族中,个人节俭的理想与注重"公共光荣"——为了家族的或国家的荣誉——并存,弗朗切斯科·埃里佐*曾将其形容为"公共体面"(il publico decoro)。④ 多梅尼科·孔塔里尼*在遗嘱中提到了维持总督体面(sostener si gran grado)所必需的"奢华"。在整个 17 世纪,不惜代价地强调公共光荣的证据始终存在。例如,1574 年,当法国国王亨利三世访问威尼斯时,费里格·孔塔里尼*在他位于布伦塔河边的米拉别墅隆重接待了他。1685 年,德国小诸侯恩斯特·奥古斯特(Ernst August)*访问威尼斯,马尔科·孔塔里尼*在其皮亚佐拉别墅以同样的排场接待了他。东道主甚至在别墅的空地上举办了一场模拟海战,还资助出版了一本描写这些庆典的书。⑤

炫耀式消费日益成为担任高阶官职的一项义务。1595 年,马林·格里马尼*当选总督时花费 6 943 杜卡特用于庆祝(当然,如此精确地记录花销是威尼斯贵族的一个特色)。在大陆当总督也可能花费巨大。安德烈亚·孔塔里尼(Andrea Contarini)*在遗嘱中提及他担任乌迪内监政官(rettore)时的"庞大开支",与此同时,当时有人评论祖安巴蒂斯塔·科尔内*在 17 世纪 40 年代担任佩斯凯拉(Peschiera)的总监

① Saint-Didier (1680), 180.
② Hale (1973).
③ Burke (1982).
④ Borgherini-Scarabellin (1917), 12.
⑤ Piccioli (1685).

和贝尔加莫监军时的"荣耀"。① 另一个昂贵的官职是海军总司令。

最昂贵的官职很可能是大使。事实上我们知道,有人就通过阴谋使其对手出任大使来摧毁他。② 据说,尼科洛·科尔内*在一次出任(神圣罗马)皇帝特使时,短短几天就花了 2 万杜卡特。对这个数字不必太当真,但在一次前往神圣罗马帝国的特殊使命中——担任特使的是安佐罗·孔塔里尼*和雷尼尔·泽恩*,有一本记录开支的账本保存了下来。③ 往返行程共花费了 2 500 杜卡特。其中包括随从的交通费和餐饮费,还有一些临时开销,如付给号手的小费、沿途教堂的施舍,以及在歇脚的旅店绘制盾形纹章的费用。虽然如此,几天就花去 2 500 杜卡特确是一大笔开支,普通大使的任期大约是三年。难怪在 17 世纪末有时很难找到愿意接受大使一职的贵族。例如,1698 年阿尔维塞·皮萨尼*在被任命为驻法大使前就有四位候选人拒绝了这一任命。作为圣·斯特凡诺的皮萨尼家族的人,他负担得起这一职位。

阿姆斯特丹精英没有这种有意识的传统生活方式,这或许因为他们属于一个阶级而非一个等级,是一个非正式界定而不是正式界定的群体。事实上,一些精英是因为在国外效力被册封为骑士的。例如,雷尼耶·帕乌*被詹姆斯一世和路易十三册封为骑士,迪尔克·巴斯*被古斯塔夫·阿道夫册封为骑士,而威廉·巴克尔(Willem Backer)*在 1647 年成为威尼斯圣马可骑士团的骑士。一些精英购买有贵族封号的乡村地产。1610 年,雅各布·德·格雷夫*购得阿伦见格亲王在泽伊德波尔斯布洛克的地产,摇身变为"泽伊德波尔斯布洛克领主"(Vrijheer van Zuidpolsbroek)。1632 年,科内利斯·比克尔*购得莱顿附近的斯威腾地产,摇身变为"斯威腾领主"(Heer van Swieten)。1640 年,约安·海德科珀*以类似的方式变成了"马尔塞文领主"(Heer van

① EIP, 63ff.
② RA, 391.
③ BCV, MS Cicogna 2538.

Marsseveen）。

到 17 世纪早期，我们发现一些精英已经开始编写家谱并试图证明其高贵的世系。赫拉德·沙埃普*嘲笑另一个显贵的"家谱的虚荣"，但他保存下来的书信文件表明，他相信自己的家庭是西里西亚贵族的后裔。[1] 安德里斯·德·格雷夫*声称是冯·格拉本（von Graben，来自蒂罗尔的一个贵族家庭）的后裔。不过，精英中的这个群体（可能当时人数不多）并未与其他精英正式区别开来。没有人能够用"金册"罗列威尼斯贵族的方式，逐一列出阿姆斯特丹的显贵。

阿姆斯特丹精英不穿像威尼斯总督、督察和议员们（senators）那样的官袍。在正式场合，他们身穿与职业人士和商人一样的黑色长袍或外套。他们的举止并不特别讲究礼节。虽然他们生活在水道上，但他们并不坐着贡多拉缓缓前进，而是像其他所有人一样在街上行走。英国公使亨利·西德尼（Henry Sidney）惊诧地评论，市长吉利斯·法尔克尼埃尔*"走路时没有随从"："他像一个普通店主一样走在街上。"[2]另一位英国外交官威廉·坦普尔爵士概括了这一点，他说阿姆斯特丹的市长们"和一般朴素的市民一样，在衣着、随从和餐桌上都不讲究"。相反的，他们"在所有场合都显示出其他普通市民的简单和朴素"。[3]这一点也让威尼斯人印象深刻。1610 年，托马索·孔塔里尼（Tommaso Contarini）出使荷兰共和国，那里简朴的生活方式给他留下深刻印象，他认为即使早先的威尼斯人也无法相比。[4] 其他资料，比如家庭账本也证实了一种简单的生活方式，甚至富有的统治阶层也是如此，特别是用于仆人的费用很少。[5]

在这一时期，阿姆斯特丹人的生活方式似乎的确变奢华了。尼古拉斯·蒂尔普*抨击豪华的婚礼庆典，并使一项反对奢华婚礼的法律

---

[1]　GA, Bicker papers, no. 717.
[2]　Sidney (1843), vol. 1, 64.
[3]　Temple (1673), 59ff.
[4]　Blok (1909), 38.
[5]　Muinck (1967).

于 1655 年获得通过。但这并未阻止路易·特里普[*]花费 8 000 弗罗林为女儿安娜·玛丽亚与沃特·法尔克尼埃尔（Wouter Valckernier）[*]举行婚礼（婚礼在 1670 年举行，这笔钱花得值，因为这一联盟帮助他在 1672 年进入了城市委员会）。阿姆斯特丹著名的特里普宫（Trippenhuis）是炫耀式消费的另一个著名例子。一位法国访客报告说，谣传该别墅耗资超过了 40 万弗罗林。

在 18 世纪，这些变化进一步发展。1742 年的纳税评估可以说明这些变化，当时收集了诸如乡村住宅、四轮马车和马匹等地位象征的信息。在 18 世纪，乡村住宅越来越大，并日益密切模仿法国风格。服饰也象征着整个荷兰统治阶层生活方式的一个重要变化。在 17 世纪，他们穿深黑色衣服。相反，在 18 世纪他们让人画下自己身穿华丽服装的形象，例如科内利斯·特罗斯特画的那幅著名的集体肖像，如今保存在（阿姆斯特丹）国家博物馆（Rijksmuseum）。自控作为一种美德似乎不再像 17 世纪那样重要了。

当然，两个群体内存在例外，两个群体之间也有差异。威尼斯人中有弗朗切斯科·达·莫林[*]（以豪饮和说话粗鲁、直接闻名）这样龇牙咧嘴的海狗，也有"狡猾、彬彬有礼的廷臣"（scaltro e raffinato cortigiano）彼得罗·巴萨东纳[*]（总是面带特有的讥笑）。[①] 这些差异不仅仅是个体性情的差异，也是与社会角色有关的文化方式的差异。垄断国家一切权力的威尼斯精英，需要像达·莫林[*]这样的海军军官，也需要巴萨东纳[*]这样的外交官。在阿姆斯特丹，多样性不那么突出，因为这里不那么需要多样性。阿姆斯特丹人主要是一个商人群体，荷兰的外交官和海军军官大都来自别处。C. P. 霍夫特[*]和雷尼耶·帕乌[*]在观念上大相径庭，但其生活方式差别不大。

与 17 世纪欧洲的大部分贵族不同（除了法国的"穿袍贵族"），阿姆斯特丹和威尼斯的精英本质上都是城市群体。在威尼斯，每个宗族

79

---

① RA, 384.

分支的主要住所是城里的宫邸,而不是大陆上的别墅或别墅群。宗族
分支可能会用宫邸所处的城区来命名,如"卡尔米尼会教区的佛斯卡
里尼"(Foscarini ai carmini)或"塞尔维会教区的格里马尼"(Grimani ai
servi)。他们的钱大部分都花在城里的宫邸上,他们也在宫邸中度过一
年的大部分时间。精英们由于政治原因必须待在城里。国家政令出自
威尼斯总督宫,这里是大议会、元老院、枢密院(College)和十人委员会
召开会议的场所。总督未经允许不得离开威尼斯。其他贵族倒是随时
可以离开威尼斯,但元老院一般每周星期六开会(危机时频繁得多),
大议会是每周星期日早晨开会。

当然,一个约2000人组成的大议会不可能在一周的一个早晨处
理所有事务。因此另一种城市机构变得至关重要,即"碰头会"(bro-
glio,由于这一机制,这个意大利词的含义从"花园"变成了"密谋")。
外国访客注意到,每天傍晚五点至八点,圣马可广场及小广场上挤满了
"成群结队"的贵族。正是在这里,高阶贵族向低级贵族献殷勤,为接
下来星期天召开的会议拉票。正如不止一位访客评论的,这是一个政
治市场,但在这里,交易是通过繁文缛节和深鞠躬进行的。① 事实上,
倘若一个贵族的鞠躬得不够深,就会被说成"脊背僵硬"(duro di chie-
na),很难得偿所愿。要在政治上成功必须讨好上司、同辈和下级,不
仅要知道他们的名字,还要知道他们的家人、盟友以及他们在政治性的
庇护人—门客体系中的地位。②

圣马可广场是人类学家埃尔温·戈夫曼所说的自我呈现的"前
台"(front)的重要部分。③ 威尼斯贵族正是在这个舞台上表演,普通民
众和外国访客则是观众。在这个舞台上,他们学习本章前面所说的伪
装和掩饰的艺术。在秋冬季节,诱使威尼斯贵族留在城里的其他因素
是狂欢节和歌剧,对此我们将在后面讨论。威尼斯贵族两种重要的休

---

① Amelot (1676), 17; Saint-Didier (1680), 35.
② Colluraffi (1623－1633), vol.1, ch.19.
③ Goffman (1959), 22ff.

闲机构也位于城里,即赌场和学会。

在 16 世纪,赌博已经表现为对大议会选举下赌注,故遭政府禁止了。在 17 世纪,赌博采取了政治上更无害的形式,即在专门设立的公共房间(ridotti)里玩纸牌赌钱。热衷这种活动的人包括贝尔图齐·瓦列尔*、达尼埃莱·多尔芬四世*、西尔韦斯特罗·瓦列尔*和贾科莫·科雷尔(Giacomo, Correr)*(他把赌博赢来的钱用于支付拒绝接受政治职位的罚金)。精心练就的讳莫如深无疑是贵族赌徒的一种资本。①

至于学会,到 17 世纪它不再是由一群朋友组成的非正式团体(文艺复兴早期曾是如此),而是一个有固定聚会场所、"保护人"和"会徽"(impresa)的俱乐部。② 学会由贵族组织,不过普通人也会被邀请加入。例如,德尔菲学会(Delphic Academy)在弗朗切斯科·古索尼(Francesco Gussoni)议员的宫邸聚会。它的保护人是祖安巴蒂斯塔·科尔内*和阿尔维塞·多铎(Alvise Duodo)*。其会徽是一个三角架,上面刻有"神谕自此出"(hinc oracula)的格言。克里斯托福罗·伊万诺维奇,一个著名的小诗人,是该学会的非贵族成员之一。③

这一时期两个最著名的学会是"女猎人学会"(Cacciatrice)和"陌生人学会"(Incogniti)。"女猎人学会"在 1600 年前后活跃一时,聚会地点在议员安德烈亚·莫罗西尼(Andrea Morosini)的宫邸。文艺复兴时期的哲学家焦尔达诺·布鲁诺(Giordano Bruno)就是在这里阐述其观点的。其成员包括尼科洛·孔塔里尼*、卢纳尔多·多纳*以及非贵族成员保罗·萨尔皮——著名的塞尔维特会修士、饱学之士和记载特伦特宗教会议的历史学家。该学会有个惯例:在聚会上,成员们彼此"不拘礼节"。④

81

---

① Colluraffi (1623–33), vol. 1, ch. 21; Molmenti (1879), vol. 5, 170ff.
② Battaglia (1826); Quondam (1982).
③ Sansovino (1663), 396.
④ Favaro (1893).

　　"陌生人学会"由祖安弗朗切斯科·洛雷当（Zuanfrancesco Loredan）创立并在他的宫邸聚会。其成员的确是字面所说的"陌生人"（incognito）:他们戴着面具。这一举解决了在一个贵族和平民混杂的聚会上的礼节问题,使得像著名的"自由宗教思想家"（libertine）费兰特·帕拉维奇诺（Ferrante Pallavicino）这样的成员可以毫无顾忌地表达其非正统的宗教观点——在 17 世纪的威尼斯有眼线和教会审查官。妇女被允许参与聚会,这些聚会具有色情、轻浮但却学术性的氛围,很像同时期巴黎的一个"沙龙"。学会讨论诸如此类的题目:丑的价值、为什么 A 是字母表中的首字母,以及为什么毕达哥拉斯讨厌蚕豆。①

　　尽管城里有这些活动,威尼斯贵族仍然喜欢在乡间别墅中长期逗留。最受青睐的修建别墅之地是布伦塔河沿岸。其中许多别墅（有些已经倾坍）至今仍能看到。别墅是农场（我们已讨论过土地对威尼斯贵族的重要性）,但也是度假场所。因此,多梅尼科·孔塔里尼*有一次说他到瓦尔诺加雷多别墅是"到我们的那些小山中小憩"。而阿戈斯蒂诺·纳尼*在蒙塞利切建造了一座别墅,别墅有一个拱门,大门上方刻着"在这里你无公务缠身;脱掉长袍吧"（Emeritam hic, suspende togam）。② 在布伦塔河两岸,贵族的"潮涨潮落"就像潮汐一样规律。在夏季,度假期,即当时人所说的"villegiatura",始于 6 月 2 日终于 7 月末。秋季从 10 月 4 日开始,到 11 月中旬结束。对别墅的主人及其朋友们来说,别墅是一处政治避难所。在别墅里,他可以学习或者用棋、纸牌、客厅游戏或日常笑话,来打发几乎是不可避免的无聊。③ 在别墅附近,他可以猎杀野兔,或驾着小船用弓和陶弹射杀飞禽——即使在狩猎时,威尼斯贵族也不骑马。对于该时期末出现的这些别墅,一种看法你可以参考文琴佐·科罗内利（Vincenzo Coronelli）的礼赞性著作《布伦塔河: 威尼斯贵族的乐园》（*The Brenta, Land of Delight for the*

82

----

① Lupis (1663), 17; Loredan (1635, 1676).

② F. Nani Mocenigo (1894), 164.

③ Sagredo (1655); Molmenti (1879), vol. 5, 181ff.

Venetian Patricians，1709）。①

比起威尼斯贵族，阿姆斯特丹贵族更是一个城市群体。他们通常在一些水道旁聚会。精英们最喜欢的是赫伦格拉希特水道和凯泽斯格拉希特水道（Keizersgracht），如今这些水道看起来与1700年前后相差无几。出于政治原因，他们需要待在易于到达市政厅的范围内，市长、城市委员会委员和地方法官们在市政厅都有办公室。阿姆斯特丹没有"碰头会"，没有对宫廷负责的大委员会（Greater Council to court），不需要使密谋和交易过程正式化。但统治阶层需要留在城里，待在容易到达交易所（Bourse）、东印度公司总部、西印度公司总部和阿姆斯特丹港的范围内。这就是为什么对一个阿姆斯特丹贵族来说甚至被派往海牙都是一种流放。

阿姆斯特丹精英也不完全是城市化的。他们也有乡村地产和别墅，或别墅份额（至少三分之一的精英如此），即农场（hofsteden）、乡村别墅（buitenplaatsen）、欢乐宫（lusthuizen）或他们所说的娱乐宫（speel-huizen），在这里他们可以按照诗人贺拉斯建议的，投身于休闲（otium）而非事务（negotium）。统治阶层中的一些人，如康斯坦丁·惠更斯（Constantijn Huygens）和雅各布·卡茨所写的赞美乡村生活的诗表明，他们非常了解这种古典的田园生活理想。他们生活中的这一方面似未引起应有的重视。别墅本身也是如此，其中大多数别墅都消失了。正如"欢乐宫"和"娱乐宫"这样的词表明的，这些别墅是休闲场所，也是投资。事实上，正如我们已看到的，在17世纪晚期，土地对精英来说并非一项重要投资，而那时提到别墅是最多的。一些房屋的名字证实了这一印象，即它们是用来休闲的。这样的例子包括威廉·巴克尔*的"无忧宫"（Buitensorg）、尼古拉斯·维特森*的"消遣宫"（Tijdverdrijf）和安德里斯·德·格雷夫的"和平乐园"（Vredenhof）。

此类别墅最青睐的地点是阿姆斯特尔河和费赫特河沿岸，从默伊

83

---

① Coronelli (1709); Piovene & Magagnato (1960). Cf. Mazzotti (1953, 1957).

图 4 阿姆斯特丹的简朴：费赫特河畔的贡特斯特因（**Gunterstein**）别墅，为费迪南·凡·科伦*（**1651—1735 年**）所有。

登到乌特勒支。这一区域是资产阶级的阿尔卡迪亚，即一些传奇小说使人联想到的世外田园，如昆拉德·范·伯宁恩*的姐夫约翰·范·海姆斯凯克（Johan van Heemskerck）创作的《巴达维亚的阿尔卡迪亚》（*Batavian Arcadia*, 1637），或者德国移民菲利普·冯·策森（Philipp von Zesen）所写的《亚得里亚海的罗萨蒙德》（*Adriatic Rosamond*, 1645），书中描写了一位威尼斯贵族和女儿们在位于阿姆斯特尔河边一座别墅中的生活。① 别墅的外观可根据达尼尔·斯托彭达尔（Daniel Stopendaal）在《凯旋的费赫特河》（*Triumphant Vecht*, 1719）中制作的版画来复原，该书很像 10 年前科罗内利绘制的威尼斯别墅图册。在肯尼

① Scholte（1916）。

梅尔兰也能看到这种别墅,格拉韦兰也有很多,其中包括安德里斯·比克尔[*]的"林园"(Spanderswoud)和扬·西克斯[*]的"狩猎园"(Jagtlust)。我们可以从以下事实判断"度假"在阿姆斯特丹精英生活中正日益重要:17 世纪末,大量城市委员会的决议表明他们在 6 月和 8 月很少开会(或者不开会)。很可能委员们都躲到他们的"快乐宫"了。应当强调的是,如同威尼斯的别墅,这些房屋提供的只是一种暂时逃避,而不是城市生活之外的另一种永久选择。就此来说,它们很像如今阿姆斯特丹人的民主对等物,即他们在斯洛特迪克(Sloterdijk)的度假小屋和公寓。

第六章 训　练

本章关切的是教育,不是学校和大学提供的狭义的正规训练(虽则这种训练自然包括在内),而是广泛意义的"社会化",即老一代将文化传给年轻一代的整个过程,这个过程从后者一出生就开始了。

我们对威尼斯贵族早年的了解特别少,以下评论不可避免具有印象性甚至是推测的性质。然而,这个主题太重要而不能不谈。我们已看到,在威尼斯,贵族家庭通常是一个大家庭。不仅包括兄弟姐妹,还包括叔伯和众多仆人。父亲们可能因为担任海军军官、大使或大陆的监政官离家在外。例如,1540 年,一位威尼斯贵妇就是在这种情形下给丈夫(在塞浦路斯)写信告诉他五个孩子的情况:"卢纳尔多学得很好,我相信我们可以指望他有好前途……安东尼奥……开始说话了,是我的小甜心。"法国史学家菲利普·阿里耶斯(Philippe Ariès)有个著名论点,即 17 世纪之前成年人对儿童不感兴趣。意大利文艺复兴时期的许多文献都可被用来反驳这一观点,这段话就是其中之一。当时四岁的"卢纳尔多"就是后来著名的威尼斯总督卢纳尔多·多纳*,他的名字经常在本书中出现。①

我们已经提过祖安·多尔芬,他在父亲因公离开威尼斯时离开教会照看弟弟们。威尼斯贵族可能由母亲和父亲(若父亲在城里)养大,也可能由叔伯、哥哥姐姐和仆人们养大。有理由猜想,他可能会被交给一位奶妈喂养(不是由母亲哺乳),而且会晚断奶(按照现代标准),即在 2 岁左右。15 世纪威尼斯贵族弗朗切斯科·巴尔巴罗(Francesco

---

① Seneca (1959), 9; Ariès (1960).

Barbaro)写了一篇论家庭生活的著名论文,该书到 16、17 世纪仍被重印。巴尔巴罗提出了母亲应自己哺育孩子这一传统建议,但接着他就如何挑选奶妈做了建言。1633 年,安东尼诺·科卢拉菲在专为威尼斯贵族写的建议中表达了相同的观点。[①] 至于断奶,1577 年有一位医生(他写的一本论儿童疾病的书在威尼斯治下的布雷西亚出版)告诫父母,过了 2 岁才断奶的儿童有可能成为"发育迟缓儿"(tardiusculi)。需要做这种警告表明晚断奶的做法很常见。[②]

威尼斯贵族从一开始就意识到了社会等级,因为就此而言他成长的家庭就是一个缩微版的威尼斯国家。仆人、妇女和小儿子们都要知道自己的位置。所谓儿童的情感"投资",很可能是投向整个家庭或家族而不只是他的父母。他的训练可能是很严格的,尤其在 17 世纪早期。按照巴尔巴罗的描绘,传统的训练方式是少食少饮、保持沉默和避免"大笑"。这种训练自控的方式无疑是与 17 世纪早期著名成年贵族的行为一致的。

不过,在 17 世纪,贵族儿童的训练似乎发生了变化。17 世纪晚期的一位观察家,一位法国本笃会修士(弗雷肖特)提到了那时贵族儿童被抚养长大时享有的"自由"。[③] 另一个法国人评论说,在贵族家庭,父亲、母亲和仆人们都宠爱孩子,因此他们长大后变得傲慢、暴躁并习惯于我行我素。[④]

在整个这一时期,贵族儿童似乎是在温暖、安全的呵护下成长的,这往往使他们不愿离开家。一个大家庭可能会阻碍追求成就的欲望,因为个体从来不依靠他们自身的资源。这一机制在贵族家庭可能更有效,因为一个贵族的认同感取决于他的"家"而不是他自己的成就。

至于正规教育,一位外国访客评论说,在威尼斯"高等贵族……通

① Barbaro (1513); Colluraffi (1623-33), vol. 2, ch. 8.
② Ferrarius (1577).
③ Freschot (1709), 261.
④ Saint-Didier (1680), 302.

常让子女在家里由家庭教师进行教育"。① 我们了解到,西尔韦斯特罗·瓦列尔*和祖安·科尔内二世(Zuan II Corner)*就是遵循这一教育模式。家庭之外的教育由宗教修会把持,但这一时期最著名的教育修会耶稣会却是个重要例外,耶稣会遭到许多贵族的怀疑(下文本书边码第104页)。贵族女孩会被送往修女院。贵族男孩可能由多米尼克会修士教导,如巴蒂斯塔·纳尼*就是如此;或由索马斯基会(Somaschi)修士教育,如弗朗切斯科·达·莫林*。男孩可能被送到威尼斯以外学习。弗朗切斯科·莫罗西尼*被送到莫德纳(Modena)的圣·卡洛神学院,这一教育并未妨碍他取得17世纪最成功的海军生涯。

16岁左右,年轻男子可以接着上大学(有个女孩也进了大学,即著名的才女埃莱娜·卢克雷齐娅·科尔内(Elena Lucrezia Corner),她是祖安巴蒂斯塔·科尔内*的私生女)。此处所说的大学是指帕多瓦大学——威尼斯人被禁止到其他地方学习(尽管卢纳尔多·多纳*曾于1555年在博洛尼亚大学短暂求学)。② 遗憾的是,我们不清楚有多少位精英曾到帕多瓦大学求学,但至少这一时期的25位总督中有8人曾在帕多瓦大学就读。这个比例(约30%)在贵族上层(总督和督察们通常来自这一群体)中可能很典型,与贵族下层形成了对比,后者受教育的状况很糟而且(若当时的评论可信的话)近乎文盲。重点是在帕多瓦大学读书很贵。尼科洛·孔塔里尼*(他属于著名的孔塔里尼宗族一个不太富有的分支)可说是通过大学取得成功的。他20岁时是帕多瓦大学的一名主事(camerlengo),即一名威尼斯小官。③

在帕多瓦大学,最受欢迎的学习科目是修辞、哲学和法律。哲学指的是经院哲学;亚里士多德主义的帕多瓦学派在17世纪仍然很强劲。从1591年至1631年,著名的切萨雷·克雷莫尼尼(Cesare Cremonini)

① Freschot (1709), 261.
② Seneca (1959), 9.
③ Cozzi (1958), 55.

在帕多瓦大学任教。他的薪金是其同事伽利略的两倍,威尼斯元老院形容他是"帕多瓦大学的光荣",虽然他曾三次因所谓非正统做法受到宗教裁判所的审查:一个讨论灵魂并非不灭的秘密研讨班;一个嘲弄前去亲吻帕多瓦的圣安东尼墓的虔诚人士的笑话;以及上帝与宇宙的运作无关的观点。克雷莫尼尼的位置使他影响了许多年轻人,他们后来成为了威尼斯生活中的杰出人物,祖安弗朗切斯科·洛雷当及其圈子的态度可能也与他有一定关系。①

　　贵族的非正式教育同样重要。一个意大利人不怀好意地说,无论是否能读会写,威尼斯贵族都要学会"用容易骗人的一本正经的样子,以特定的方式轻柔地说话"。② 如同 17 世纪的牛津大学或剑桥大学,在帕多瓦大学,年轻贵族也没有把注意力完全集中在课程表上。骑术学校、剑术学校和舞蹈学校自这一时期初就有了。

　　在 17 世纪,旅行也被广泛视为一种教育形式,特别是政治教育形式。年轻贵族不仅应该观察所游历国家的古物,还要观察其习俗和法律。威尼斯贵族正是为此目的被建议旅行的。③ 至少有些威尼斯父亲接纳了这一建议。例如,多梅尼科·孔塔里尼﹡及其兄弟安佐罗·孔塔里尼﹡(一位是总督,另一位是著名外交官)年轻时被送到国外以获取在君主宫廷的阅历,(正如多梅尼科在遗嘱中指出的)"这样我们才会胜任和很好地统治共和国"。弗朗切斯科·孔塔里尼﹡以同样方式游历了法国、西班牙和葡萄牙,费里格·科尔内﹡游历了法国、西班牙和德国。家境好的年轻人常常随同一位大使旅行。贾科莫·佛斯卡里尼﹡就以这种方式游历了法国,彼得罗·巴萨东纳﹡以这种方式游历了伊斯坦布尔。

　　另一种"政治见习期"(正如当时有人这样称呼)则被制度化了。④

88

---

①　Mabilleau (1881).
②　Relatione 2, fo. 145r.
③　Colluraffi (1623–33), vol. 1, ch. 9.
④　Lupis (1663), 14.

贵族们在 25 岁左右会被任命为"见习官"（savio agl'ordini），主要是通过聆听枢密院（College）的讨论学习如何处理事务。每届有 5 名见习官（savi），任期都是 6 个月。卢纳尔多·多纳*、阿戈斯蒂诺·纳尼*和贝尔图齐·瓦列尔*在 25 岁，马尔坎托尼奥·巴尔巴罗*在 23 岁以及尼科洛·达·蓬特*约在 22 岁时，都曾被任命为见习官。

在海军中，与这种政治见习期对应的是"海军见习船员"（nobile di galera），类似学习指挥的见习船员。每艘船为年轻贵族（有时只有 12 岁）保留两个位置，每艘三桅帆军舰上有六个位置。祖安·本博*和弗朗切斯科·莫罗西尼*就是以这种方式开始海军生涯的。① 这些形式的服务能够使有关系的年轻贵族在官职竞赛中领先。当然，获得特殊训练的机会，是贵族历经数代始终掌握权力的一种主要手段。

如同在威尼斯，在阿姆斯特丹，我们对极为重要的早年训练几乎一无所知，但搜集到的一鳞半爪的信息显示了两个城市的巨大差异。在阿姆斯特丹，精英的孩子是在一个没有叔伯和众多仆人的小家庭长大的。这个家庭是一个比威尼斯家庭更民主的社会。荷兰妻子和仆人的地位较高，这往往使让·德·帕里瓦尔（Jean de Parival）这样的外国游客惊讶。②

我们有理由猜测，在阿姆斯特丹，奶妈的使用比在威尼斯少（因为仆人的数量较少），而且因为奶妈少，孩子断奶也比较早。梅拉尼·克莱因曾指出，早断奶导致了婴儿的焦虑，焦虑导致贪婪，贪婪导致成年后的野心，野心导致成就。③ 无论情况是否普遍如此，阿姆斯特丹精英确是追求成就的人，他们比威尼斯人更常常因贪婪遭到批评。或许我们可以补充一点：在他们的小家庭中，单是经济上的生存就使他们比威尼斯人更感到成就的必要性。此外，因为他们是平民，他们的认同感比

---

① M. Nani Mocenigo (1935), 24.
② Parival (1661), 20, 25. Cf. Murris (1925) & Schama (1987), 407–12.
③ M. Klein (1960).

威尼斯精英更依赖成就。

在阿姆斯特丹，教育可能比在威尼斯更严格。加尔文教徒往往认为小孩子是邪恶的，这一观念与他们强调原罪有关。信奉加尔文教的荷兰父母们，如同新英格兰的加尔文教父母，坚信要让孩子在"对上帝的恐惧"中长大。① 荷兰诗人雅各布·卡茨（本人就是泽兰省统治阶层的一员）在其《论婚姻》（1624）一书中就强调教育的这一特点，该书在17世纪的荷兰共和国拥有大量读者。就阿姆斯特丹而言，他的建议得到了同时代两位重要精英的证实，即彼得·沙埃普（Pieter Schaep，下文本书边码第109页）＊和威廉·巴克尔＊。②

在荷兰社会中，身体羞耻感似乎是整个欧洲最强烈的。尼古拉斯·维特森＊记载，他有一次访问俄罗斯时震惊地看到男男女女赤身洗浴，"像动物一样，毫不羞耻"。③ 荷兰家庭（至少在城市）的极端洁净，给来自英国和法国的访客留下了不可磨灭的印象，尤其是进门时脱鞋以及禁止吐痰（至少不能吐在地板上）。④ 因此，阿姆斯特丹的贵族儿童可能很早就被灌输了洁净和整齐的美德，它们有助于塑造按照17世纪欧洲标准来说罕有的训练有素的成年人。简言之，我们忍不住将阿姆斯特丹人的童年与心理分析家埃里克松出色描绘的尤罗克（Yurok）印第安人的童年进行比较。无论这两种社会文化在其他方面差别多大，它们都强调节俭和洁净。尤罗克人是一个由捕食三文鱼的渔夫构成的社会，而阿姆斯特丹的财富最初也建立在鱼的基础上——建立在鲱鱼贸易基础上。⑤

因为一些负面理由，我们时期的开端，即1578年，成为阿姆斯特丹

① Morgan（1944），ch. 3.
② GA, Bicker papers, no. 717；GA, Backer papers, no. 66.
③ Witsen（1966 – 7），vol. 1441.
④ Parival（1661），25；Temple（1673），96. Cf. Zumthor（1959），138, and Schama（1987），387 – 4.
⑤ Ekrison（1950），ch. 4.

教育史上的一个重要时期。这一年,修道院学校被废除,在阿姆斯特丹旧城区(Old Side)和新城区只留下私立学校和"公共学校",或文法学校。老城区的公共学校更有名;在 17 世纪早期,最著名的教师是德文郡人马修·斯莱德(Matthew Slade),此人曾是一名布朗教徒。市政府委员会很重视这所学校,任命一些市委员担任"校长"(scholarchs)管理该校,他们包括赫拉德·沙埃普*、尼古拉斯·蒂尔普*、雅各布·德·格雷夫*和科内利斯·德·格雷夫*。自然一些精英也在那里求学,如威廉·巴克尔*、尼古拉斯·蒂尔普*、尼古拉斯·维特森*和昆拉德·范·伯宁恩*。该校 1685 年以来的学生名单保存下来了,它们表明,那时学校有 200 多名学生,有大量显贵名列其中。学校颁发各种奖项鼓励学生之间的竞争。1704 年,来自著名的市长家庭的约安内斯·科尔韦尔(Joannes Corver)获得了勤奋奖,学校还特别做了一个有关他的能力和对其他学生激励作用的报告。① 在阿姆斯特丹文化中,这是揭示个人成就重要性的又一个线索。

91　　学生明星在公共场合朗诵的诗,使我们了解到有关熟稔拉丁语和学校灌输的价值观的某些信息。这种活动在学年伊始举行,朗诵的诗会随后出版。例如,扬·巴克尔(Jan Backer)*(当时 16 岁)朗诵的东印度公司(VOC)的赞美诗,或扬·特里普*在 1681 年有关建立公共和谐之必要的"诗体演说"。② 在学校里也可能学"一点希腊语",正如尼古拉斯·维特森*自传中所说。③ 所有这些证据都涉及 17 世纪后期。较早时期的证据非常模糊;我们从 C. P. 霍夫特*(生于 1547 年)的书信文件中得知,他能够游刃有余地用拉丁文引用李维,但我们不知道他在同代人中是特例还是典型。

　　超过三分之一的阿姆斯特丹精英从学校升入大学,最明显的选择

---

① GA, Curatoren van de openbare gymnasia, no. 19.
② Backer (1678); Trip (1681).
③ Witsen (1872), 41.

是 1575 年创建的莱顿大学。超过 50 位精英在那里就读。① 没有强制规定必须上哪一个大学。至少有 8 位精英在弗里斯兰省的弗拉内克尔大学求学。② 其他人则被送到国外：马丁·科斯特*在费拉拉大学，彼得·沙埃普*在海德堡大学、赫拉德·沙埃普*在奥尔良大学，沃尔克特·奥弗兰德*在巴塞尔大学、安德里斯·德·格雷夫*在普瓦捷大学，弗朗索瓦·德·维克*在帕多瓦大学。在学习科目中，最受欢迎的选择（是父亲而不一定是儿子的选择）是法律。在莱顿大学，有 30 位精英学习法律，相比之下，只有 10 人学习哲学、8 人学习"文学"和 1 人学习历史（弗兰斯·雷亚埃尔*在 1637 年）。虽然莱顿大学的历史讲座由一些高水准的学者讲授，如利普修斯（Lipsius）、梅鲁拉（Merula）和海因修斯（Heinsius），但在当时选择历史仍属罕见。

　　从 1632 年起，阿姆斯特丹也有了一所高等教育机构：雅典学院（Athenaeum）。③ 它似乎是作为学校与大学之间的一个过渡阶段；事实上，在 17 世纪晚期，拉丁学校最高年级的学生可以直接进入雅典学院。雅典学院的课程表使得该学院特别重要——比起传统机构，新机构更容易教授一些新科目和淘汰旧科目。在雅典学院的开学典礼上，加斯帕尔·巴莱乌斯（Gaspar Barlaeus）做了一堂哲学讲座，赫拉德·福西厄斯（Gerard Vossius）做了一堂历史讲座。这两人皆为阿明尼乌教派信徒（Arminians，巴莱乌斯因此失去了在莱顿大学的教职），这表现了 1632 年阿明尼乌教派在阿姆斯特丹势力的上升。两位教授的就职讲座都提出了一种从事各自学科的实用路径：巴莱乌斯讨论"儒商（知识型商人）"（mercator sapiens），而福西厄斯论述"历史的功用"。④

　　自然科学很快也成了雅典学院课程表的重要一部分。在 17 世纪中期，数学、天文学、植物学和医学都被纳入了雅典学院的学习科目。

92

---

① Rieu（1875）.
② Fockema Andreae & Meijer（1968）.
③ Dibon（1954），220ff.
④ Barlaeus（1632）；Vossius（1632）；Dibon（1954），225ff.

一些老师同情笛卡尔及其哲学,当时笛卡尔在其他地方(莱顿以及法国)尚被视为危险的革新者。例如,从 1669 年起一直在雅典学院任教的德·雷伊(de Raey)教授就试图将笛卡尔和亚里士多德的学说综合起来,后来,笛卡尔的支持者似乎取得了胜利,因为笛卡尔的一部著作在 1694 年刊布,供雅典学院的学生使用。对历史和自然科学的兴趣、对知识创新的同情以及一种笛卡尔式思维模式,至少都受到雅典学院老师们的鼓励(若非灌输的话)。

在阿姆斯特丹,有一个政治机构的功能颇似威尼斯的"见习官"(savio agl'ordini)。这就是"秘书",这是一个通常由显贵家庭的年轻人担任的低级职位,有时是在他们进入市政府委员前几年授予此职。昆拉德·范·伯宁恩*21 岁时成为秘书,38 岁进入市政府委员会;赫里特·霍夫特(Gerrit Hooft)*24 岁成为秘书,30 岁进入市政府委员会;科内利斯·蒙特(Cornelis Munter)*24 岁成为秘书,49 岁成为市政府委员。

如同在威尼斯,在阿姆斯特丹旅行也是一种重要的非正式教育。在这一时期早期,旅行可能是为了商业原因,C. P. 霍夫特*"向东"(如他本人所说)旅行,可能是去哥尼斯堡,当他是个 20 出头的商人学徒时曾在那里住过三四年。在其他事例中,旅行更具政治性。1642 年,20 岁的昆拉德·范·伯宁恩*作为著名的格劳秀斯的秘书去了巴黎;1664 年,23 岁的尼古拉斯·维特森*作为雅各布·博雷尔(Jacob Boreel)*大使的随员去了莫斯科。

其他显贵在家庭教师陪同(或不陪同)下进行"大游学"(groote tour, speelreis)。① 例如,1591 年,著名学者利普修斯(Lipsius)作为七名荷兰青年的私人教师(陪同他们)前往国外,其中包括 20 岁的雅各布·德·格雷夫*。雅各布之子科尔内利斯·德·格雷夫*20 多岁时去了巴黎。小约安·海德科珀*去了法国和意大利。尼古拉斯·维特

---

① Frank-van Westrienen (1983).

森*在从俄国返回途中,(除了其他地方外)还游历了巴黎、米兰、佛罗伦萨、罗马、日内瓦和法兰克福。

　　在 17 世纪的欧洲,虽然大游学日益成为一种国际时尚,但由于政治以及经济原因,威尼斯人和阿姆斯特丹人可能比欧洲大多数统治精英游历更广。我们可以认为宽容就是早年旅行的社会化,这有助于解释两个精英群体对宽容的高度重视。两个精英群体的态度和价值观是下一章的主题。

第七章　态度和价值观

　　与 17 世纪其他欧洲贵族相比,威尼斯贵族还有一个特性尚未被提及:喜欢著述。承蒙 P. A. 泽诺(P. A. Zeno)做的有价值的汇编,我们了解到从 1580 年至 1658 年,威尼斯贵族总共出版了 100 多部著作;最受喜欢的类型依次是诗歌、戏剧、演说、哲学和历史。① 精英出版的著作包括:尼科洛·达·蓬特*的几何学专论,据说是在 1585 年,即他去世那年出版的;尼科洛·孔塔里尼*的《论宇宙的完美》(1576),这部总体考察使他跻身有一个清晰世界观的群体;波洛·帕鲁塔*的《论政治生活的完美》(1579,《论说集》和《威尼斯史》在他去世后出版);巴蒂斯塔·纳尼*的《威尼斯史》(1662);祖安·萨格雷多*的传奇《布伦塔河上的阿尔卡迪亚》是他青年时代的作品,1655 年以回文词构成的假名字出版;他的《奥斯曼帝国史》(1673)是成年以后的作品,并且是用真名出版的。

　　精英们未出版的著述构成了一个几乎同等重要的合集。这些著作包括西莫内·孔塔里尼*和安东尼奥·奥托本*的诗,后者以方言写
成;达尼埃莱·多尔芬四世*关于战争艺术的论著;波洛·提埃坡罗(Polo Tiepolo)*的《塞浦路斯史》;以及最著名的尼科洛·孔塔里尼*的《威尼斯史》,该书以手稿形式广为流传。最后这本书由于政治原因一直未刊印。有个工作组建议十人委员会,该书包含治国箴言,最好秘而不宣。②

---

① Zeno (1662).
② Cozzi (1958), 200n; N. Contarini (1982).

许多其他论著也没有出版,这一事实表现了威尼斯人对有教养的业余爱好者这一角色的重视。17 世纪出版著作的欧洲贵族经常喜欢抗辩说他们不是职业作家(在这一时期社会地位仍较低的一个群体),在威尼斯,业余爱好者的理想甚至比其他地方更重要。正如我们已看到的,它甚至影响了威尼斯的政治体系。安东尼诺·科卢拉菲的《威尼斯贵族》(1623—1633)最清晰地表达了这种业余爱好者的理想,这是一位职业家庭教师撰写的有关贵族教育的专论。但还有其他证据。一位爱好文学的威尼斯贵族(即 Z. F. 萨格雷多,扎卡里亚·萨格雷多*的兄弟)曾宣称:"我是一名威尼斯贵族,我从未希望以一个文人闻名。"我们怀疑"希望"一词是不是有讥讽意味。① 祖安·萨格雷多*描绘《布伦塔河上的阿尔卡迪亚》中的贵族主人公"学识渊博但非学究,对自己的学识不以为意"(dotti senza professione, eruditi senza ostentatione)。② 祖安弗朗切斯科·洛雷当曾任十人委员会委员,也是 17 世纪中期威尼斯文学的领军人物,据说他白天参政,只是晚上才写小说。③

另外,当时有人感觉巴蒂斯塔·纳尼*的《威尼斯史》好像是一个忙于其他事务的人匆忙写成的。纳尼*确实是一个极其活跃的外交官,曾七次出任大使。或许《威尼斯史》给人未经雕琢的印象是刻意而为的,是文艺复兴时期贵族巴尔达萨雷·卡斯蒂廖内所说的"洒脱"(sprezzatura)的一个例子,换言之,刻意让人觉得轻而易举。纳尼*以在元老院吸引视听闻名:"当他在元老院发言时,整个地方鸦雀无声。"④但元老院不喜欢华丽的辞藻,它喜欢"阿提卡式"而非"亚洲式"散文,喜欢一种平实的或"元老院式"发言,而非华丽的或"学究式"的发言。⑤

96

---

① Bouwsma (1968), 87.
② Sagredo (1655), 1.
③ Lupis (1663), 25.
④ EIP, 34.
⑤ Croll (1921).

简言之,威尼斯人往往具有一种实用思维,更喜欢精确的描述——罗伯特·沃波尔爵士(Robert Walpole)曾这样评论(英国的)下院(House of Commons)——而不是修辞性文辞。这种倾向可通过"述职报告"(relazioni),即回国的大使和大陆领土的行政官员必须当众宣读的报告得到佐证。这些报告语调冰冷,充满了精确的事实和数字。这些报告也是威尼斯人重视历史的好证据,因为它们总是参照历史来解释法国或奥斯曼帝国的局势。精英历史思维的另一个标志是:威尼斯政府总是任命官方史学家。帕鲁塔*、孔塔里尼*和纳尼*的历史著作就是政府委托撰写的。① 这种历史兴趣是实用性的。尼科洛·孔塔里尼*评论说,历史写作不应用来展示雄辩的文采,而是为了有助于政治事务。17世纪的人们就常常认为历史学家能够提供这种帮助——通过总结政治格言并用具体事例加以阐明,这样读者便能从中汲取值得反思的政治观点,如同卢纳尔多·多纳*在读圭恰迪尼的《意大利史》时那样。②

威尼斯官修历史当然也是宣传工具之一,是威尼斯总督宫那些历史画在文学领域的对应。但对历史的兴趣也并不完全是实用性的。费里格·孔塔里尼*的藏书包括45部关于罗马古物、钱币、像章、铭文、雕像、凯旋门、家族、宗教和军事纪律的书。③ 威尼斯贵族喜欢认同于罗马人。他们钟爱一些古典术语,如"元老院"(senate)、"托加袍"(toga)或"显贵"(patrician)。科尔内大家族——威尼斯的大家族与罗马的宗族(gens)很相似——声称是古罗马科尔内利家族的后裔,洛雷当家族宣称是穆蒂乌斯·斯卡沃拉(Mutius Scavola)的后裔,祖斯蒂尼安(Zustinian)宣称是皇帝查士丁尼(Justinian)的后裔。④

有关显贵对自然科学(当时称为"自然哲学")的兴趣,证据少得

---

① Cozzi (1963–4).
② Seneca (1959), 36.
③ Cipollato (1961).
④ Chambers (1970).

多,虽则这种兴趣的确存在。最著名的例子是祖安弗朗切斯科·萨格雷多,他本人并非精英中的一员,但他是一些精英的近亲。他与伽利略交好,后者使萨格雷多成为他两篇对话中的人物。萨格雷多对天文学和磁力感兴趣,他有自己的研究室,甚至制作科学仪器。[①] 另一个重要的例子是尼科洛·孔塔里尼*,他的《论宇宙的完美》讨论了元素和星体(还有上帝和天使)。孔塔里尼*鼓励桑托里奥·桑托里奥医生的医学研究,也对水力学感兴趣,让人在他的花园里建造了一个"巨大的提水机"。[②] 他与卢纳尔多·多纳*都是"女猎人学会"的常客,那里有关于自然科学的讨论(上文本书边码第81页),而且多纳*也与伽利略交好。[③] 巴蒂斯塔·纳尼*及"爱真理者学会"(Filaleti, truth-lovers)的其他成员对植物学感兴趣,而祖安巴蒂斯塔·科尔内*有"数学和几何学仪器"。[④] 波洛·安东尼奥·贝莱尼奥(Polo Antonio Belegno)*和安佐罗·迪耶多(Anzolo Diedo)*都对机械感兴趣。贝莱尼奥*让人为其宫殿和花园建造了"一个抽水机"。

绝不能过于强调这些例子的重要性。"女猎人学会"(Cacciatrice)同样关心神学和伦理学问题,总体而言,我们可以认为,威尼斯贵族业余爱好者的精神气质阻碍了科学研究。它只允许两种对待自然科学的态度。首先是一种收藏家的兴趣。1600年前后,费里格·孔塔里尼* 98 有一个典型的无所不包的珍品室,其中包括矿物和骨骼,一只猫的睾丸和一个水牛角。[⑤] 对待自然科学的第二种可能态度是一种统治精英的功利主义态度。当伽利略在帕多瓦大学任教时,安东尼奥·普留利*和扎卡里亚·萨格雷多*以及其他贵族在伽利略的陪同下登上圣马可广场的钟塔,"去看该伽利略望远镜的奇妙和独特效果"。伽利略教授

① Favaro (1902).
② Cozzi (1958), 57; Tenenti (1959); Favaro (1883), vol. 2, 74.
③ Favaro (1883), vol. 2, 94.
④ Romanin (1853–61), vol. 7, 557; Sansovino (1663), 371.
⑤ Cipollato (1961); Cf. Impey & Macgregor (1985), Pomian (1987).

的薪水随即增加了。当然,望远镜对一个海上强国具有实用价值。①

科卢拉菲在其论教育的著作中对这种实用或功利性的态度作了总结,该书建议威尼斯贵族学生将"精深和过分好奇的探索"留给别人,而只去学习与"共和国利益"相关的数学。② 在帕多瓦一所专为威尼斯贵族设立的学院,即"德利亚学院"(Delia),数学是与军事学习联系在一起的。该学院是彼得罗·多铎(Pietro Duodo)在 1607 年担任帕多瓦监军(capitano)时创立的,因为他深信"数学知识"对"一个完美的绅士和军人"(perfetto cavaliere e soldato)是必要的。后来,"德利亚学院"让祖安·佩萨罗*成为其"保护人"。③

对威尼斯贵族的兴趣的这一简要勾勒,证实了威廉·鲍斯马(William Bouwsma)强调的威尼斯人思维方式的实用性和经验性。④ 但也不要忘记,威尼斯人的思维方式也带有深深的经院哲学烙印,特别是其地方变种,即"帕多瓦学派"的亚里士多德主义。尼科洛·孔塔里尼*论宇宙完美的著作讨论了阿奎那(Aquinas)、奥卡姆(Ockham)和里米尼的格雷戈里(Gregory of Rimini)的观点。卢纳尔多·多纳*对阿奎那的哲学尤其感兴趣。而笛卡尔似未对 17 世纪的威尼斯产生影响,虽然哲学家贝尔纳多·特雷维桑(Bernardo Trevisan)在其《哲学沉思》(1704年)中讨论了笛卡尔和马勒伯朗士(Malebranche)的思想。1600 年,威尼斯人与新思想同步发展,但在 1700 年情况已不复如此。传统力量强大,创新倾向则是微弱的。或许,这正是他们骄人的历史成就的代价。然而,这种保守主义或许——正如艾迪生(Addison)认为的——导致了威尼斯经济的衰落,因为"一个贸易民族必须以静制动,在出现不同危机和紧急情况时迅疾应变"。⑤

99

---

① Favaro (1891), 69.
② Colluraffi (1623 – 33), vol. 1, 56.
③ Favaro (1883), vol. 2, 2, and document xci.
④ Bouwsma (1968).
⑤ Addison (1705), 84.

　　阿姆斯特丹精英也出版著作,但他们给人的印象极不相同。他们的出版物包括劳伦斯·雷亚埃尔*的一部论磁力的书;尼古拉斯·蒂尔普*有关医学的评论;约安·科梅林*的植物学论著;出版商约安·布劳*刊印的地图集;扬·西克斯*的悲剧《美狄亚》(*Medea*);昆拉德·范·伯宁恩*抒发宗教激情之作;约安内斯·胡德*谈论代数和几何的书信;以及最著名的尼古拉斯·维特森*的两本书,一本关于造船,另一本有关北鞑靼和东鞑靼。这个清单(并不声称无所不包)表明,阿姆斯特丹精英对自然科学的兴趣远比威尼斯精英强烈。可以补充这样一个事实:有两位精英,即 P. J. 霍夫特(P. J. Hooft)*和雅各布·德·格雷夫*共用一个实验室,据说他们发现了永动的秘密。P. J. 霍夫特(P. J. Hooft)*还研究医学和化学。

　　这个清单表明,阿姆斯特丹显贵对历史的兴趣比威尼斯精英更淡漠,但这一点需要加以限定。与威尼斯一样,阿姆斯特丹特也曾有一位官方史家,即 1698 年任命的伦巴第人格雷戈里奥·莱蒂(Gregorio Leti)。① “荷兰的塔西佗”P. C.霍夫特*是 17 世纪欧洲最杰出的历史学家之一,他是阿姆斯特丹市长 C. P. 霍夫特*之子,后者对历史也并非一无所知。C. P. 霍夫特*的书信文件中提到了 16 部历史著作,包括李维、约瑟夫斯、圭恰迪尼、斯莱登(Sleidan, 撰述 16 世纪德国的政治和教会事务)、福克斯(Foxe)、卡姆登(《编年史》)和荷兰历史学家彼得·博尔(Pieter Bor)的著作。②

　　市长马丁·科斯特*的藏书证实了他的历史学识。其中单古代历史著作就包括希罗多德、修昔底德、色诺芬、李维、普鲁塔克和约瑟夫斯的著作。至于现代历史家的著作,他的藏书包括意大利人文学者弗拉维奥·比翁多(Flavio Biondo)的古物研究、德国人塞巴斯蒂安·弗兰克(Sebastian Franck)的编年史、菲利普·德·科米内斯(Philippe de

100

① Cameroni (1893).
② H. A. E. van Gelder (1918), 附录 2。

Commynes)的回忆录,以及意大利主教保罗·焦维奥(Paolo Giovio)写的当代史。他还有保罗·埃米利奥(Paolo Emilio)的法国史、马丁·克罗默(Martin Cromer)的波兰史、波利多尔·维吉尔的英国史和马基雅维利的佛罗伦萨史。如果说阿姆斯特丹精英中有"文艺复兴人",那么肯定非马丁·科斯特*莫属,事实上他曾在 16 世纪中期在意大利学习。① 不过,一个世纪后,在元老(aldermen)和市长们中出现了另一位"才俊",即尼古拉斯·维特森*。尼古拉斯·维特森是个狂热的古物学家,他痴迷各种各样的语言和习俗,他的兴趣还包括:三层桨战船的设计、埃及象形文字和中世纪印章上的船只、西伯利亚发现的一面古镜以及英国学者约翰·伍德沃德(Dr. John Woodward)博士发现的一个所谓罗马盾牌的真实性问题。②

　　这种历史兴趣部分是功利性的。P. C. 霍夫特*(将其撰写的法国国王亨利四世传记题献给迪尔克·巴斯*)讨论了历史对统治者的特殊价值。C. P. 霍夫特*在城市委员会总是援引历史上的先例作为论据。他引用摩西高于亚伦(Aron)这一事实作为一个"例子",论证阿姆斯特丹的布道士不应对城市委员会指手画脚。③ 如同在威尼斯,阿姆斯特丹精英也回到古代寻求灵感。众所周知,荷兰人沉迷于其祖先巴达维亚人反抗罗马的历史。这在 P. C. 霍夫特*的戏剧《贝埃托》(*Bae-to*, 1626)、冯德尔的戏剧《巴达维亚兄弟》(*The Batavian Brothers*, 1662)以及伦勃朗和霍弗特·弗林克(Govert Flink)为阿姆斯特丹市政厅(见插图 7)绘的装饰画中均有体现。在这些例子中,荷兰人将自己认同于他们的祖先巴达维亚人,西班牙帝国则被认同为罗马帝国。④

　　然而,荷兰人又忍不住把自己视为新罗马人,至少有时这样。例如, 17 世纪早期在阿姆斯特丹出版的一本小册子《战争之目的》

---

① G A, Weeskamer, Boedelpapieren, Lade 139.
② Gebhard (1881); Rietbergen (1986); Levine (1977), 173 – 174.
③ C. P. Hooft (1871 – 1925), vol. 1, 97.
④ Waal (1952); Schöffer (1975); Schama (1987), 76 – 81.

(*Fin de la guerre*)中,西庇阿·阿菲利加努斯(Scipio Africanus)和法比 101
尤斯·马克西莫斯(Fabius Maximus)讨论攻击迦太基的最佳方式,他
们的对话偏离主题转而论述应从西班牙最薄弱的环节,即西印度群岛
向其发动攻击。① 阿姆斯特丹精英的书籍和墓碑上常有拉丁铭文,把
他们说成"执政官"(consul,如果他们是市长)或"议员"(senator,如果
他们是城市委员会委员)。反过来,就像市政厅一些绘画中的铭文一
样,西庇阿·阿菲利加努斯和法比尤斯·马克西莫斯又会被说成古罗
马的"市长"。

正如人们对于一个主要由加尔文教徒构成的群体会预料到的,阿
姆斯特丹精英也认同《旧约》中的人物,比如所罗门和摩西,就像荷兰
新教徒自我认同于作为选民的以色列的子孙,而把西班牙的菲利普认
同于埃及法老一样。在市政厅的城市委员办公室有一幅表现所罗门祈
求智慧和一幅押沙龙(Jethron)向摩西建言的画;地方法官办公室有一
幅表现摩西与十诫(Tables of Law)的画。②

当然,在 17 世纪的欧洲,历史为政治范例之宝库的观念是很常见
的。不太常见的是看到一个统治阶层对自然科学如此饶有兴趣。导致
这种兴趣的一个明显原因是城市委员会中有职业医生,这是威尼斯所
缺乏的。尼古拉斯·蒂尔普*的科学知识就源自他的医学研究。对自
然科学感兴趣的另一理由与威尼斯相同:精英与海洋的密切关联。这
或许可以解释为什么海军上将劳伦斯·雷亚埃尔*撰写论磁力的著
作,为什么威廉·布劳*(曾师从伟大的丹麦天文学家第谷·布拉赫)
决定来阿姆斯特丹制作地球仪和地图——他把对地理学的兴趣传给了
儿子约安·布劳*。

另一方面,就尼古拉斯·维特森*的例子来说,在科学研究以及
历史研究中,无功利考虑的学术好奇心似乎占主要地位。维特森*对猛

---

① K. 3428.
② Fremantle (1959); Groenhuis (1981); Schama (1987), ch. 2.

102 犸和彗星感兴趣,也对所谓独角兽的角是否事实上属于一只独角鲸感兴趣。他是伦敦皇家学会的成员,他与该学会成员通信讨论罕见的贝壳以及新地岛(Nova Zembla)是否为一个大陆。① 纯粹的好奇心在约安内斯·胡德*身上似乎是主要的,据说他是当时最卓越的数学家之一,他对天文学、光学、医学感兴趣,并与惠更斯、莱布尼茨和斯宾诺莎交好。胡德*后来弃学从政,但保留了对水力学的兴趣。1672 年,当作为抵御法国入侵最后一道防线的拦海大堤破裂时,他负责修复工程的技术工作。② 然而,我们可以推测,维特森*和胡德*的兴趣与其社会背景有关。在论造船的书中,维特森*表现出对技术细节的痴迷,例如甲板的确切尺寸,在欧洲其他地区这可能会被认为有辱一个绅士的身份。他甚至亲自画了一些插图,正如他曾经为奥维德(Ovid)的《变形记》制作蚀刻版画插图一样。另外,胡德*也对类似数学这种"精深和过分好奇的探索"乐此不疲。或许维特森*和胡德*之所以能够纵情于兴趣,是因为他们并不认同贵族的价值观。

　　在 17 世纪的阿姆斯特丹,创新这一企业家美德似乎比在威尼斯或者比在同时期欧洲大部分地区更易于被接受。正如 C. P. 霍夫特*指出的,"并非所有新事物都是坏的,也并非所有旧东西都是好的"。他引用天文学、医学和海航中有价值的新发现为例,为新事物辩护。对创新的兴趣与对自然科学的兴趣自然是携手并进的。③ 对创新的兴趣也体现在阿姆斯特丹的雅典学院(正如我们已看到的,许多精英成员在这里接受教育)的两个就职讲座中。布拉休斯(Blasius)教授在 1659 年作了有关"新发现"的讲座,其中讨论了哈维(Harvey)和血液循环,而

103 德·雷伊教授在 1669 年"论古人的智慧"的讲座中指出,一些古代"智慧"根本就不是智慧。④

---

① Gebhard (1881), esp. vol. 2.
② *NNBW*, vol. 1, cols 1172 - 6.
③ C. P. Hooft (1871 - 1925), vol. 1, 206.
④ Thijssen-Schoutte (1954), 246, 125ff.

C. P. 霍夫特*的思维方式曾被概括为经验主义、理性主义和个体主义的。① 然而,在 17 世纪,在贵族圈子中你可以观察到一种有意识的数学思维方式的渗透,这种思维方式与笛卡尔和斯宾诺莎都大有关联。在约安内斯·胡德*的书信文件中,我们可以发现一个将几何学方法应用于政治决策的事例。胡德*正就与法国结成防卫联盟的计划做评论。他首先对"防卫联盟"下定义,接着陈述了一条定理,即所有个体和国家的首要目标是自我保护,然后得出结论说与一个敌人结成防卫联盟的想法是荒谬的。②

这些例子会诱使历史学家夸大阿姆斯特丹精英的现代性,夸大他们将理性主义、新教、资本主义和科学的结合。作为一个矫正,看一看昆拉德·范·伯宁恩*的例子可能很有价值。范·伯宁恩*是一位技艺高超的著名外交谈判家,但他的兴趣十分广泛,包括文学、历史和自然科学。他与生物学家扬·斯瓦默丹(Jan Swammerdam)交好,并对笛卡尔的思想感兴趣。他把所有这些与一种对神秘主义、千禧年信仰、星占学、释梦和"超自然的奇迹"的兴趣结合起来。范·伯宁恩*很可能患有精神分裂。1688 年,他精神病发,在大街上游走,宣讲世界末日;他被监护起来。然而,若认为他的非理性兴趣仅仅是一种发疯的表现而置之不理将是肤浅的。在 17 世纪,许多神智清醒的人也怀有同样的兴趣。范·伯宁恩*是新科学、笛卡尔思想、星占学、千禧年信仰并存的一个绝妙但非孤立的例子。③

威尼斯和阿姆斯特丹显贵在宗教态度上的相似性可能超出了人们 104 的预料,特别是考虑到一个城市的官方宗教是天主教,而另一个是新教。法国大使菲利普·卡纳耶·德·弗雷斯内斯观察到,在威尼斯,甚至在"禁止圣事活动"(interdict)前,天主教与"教皇至上主义者"也不是一回事。在有关司法权的一场严重冲突后,教皇于 1606 年下令停止

---

① H. A. E. van Gelder (1918).
② GA, J. Hudde, *Brieven en papieren*, no. 49.
③ Roldanus (1931).

威尼斯的圣事活动,威尼斯共和国的官方神学家保罗·萨尔皮讲述了威尼斯的情况。在萨尔皮的著述中,"天主教"与"教皇至上主义者"的区别是显而易见的。萨尔皮相信,原始教会(代表着真正的"天主教"立场)是民主的、贫穷的、非世俗的和禁欲的,而当代("教皇至上主义者")教会则是君主式的、富有的、世俗的和腐败的;对教会进行必要改革的最大障碍是教皇、西班牙和耶稣会这个三角联盟;比起耶稣会强调的自由意志,奥古斯丁强调的人类对神恩的需要更接近真理。①

萨尔皮的观点是威尼斯精英的观点吗?在尼科洛·孔塔里尼*身上肯定能发现许多类似的态度,尼科洛·孔塔里尼*是一个品行上一丝不苟的人,他不希望教会卷入世俗事务,憎恨耶稣会将宗教当成政治工具的做法。他服膺奥古斯丁的神恩论,积极遵从在尼德兰举行的加尔文教多尔特(多德雷赫特)宗教会议的主张,他不像人们预料的那样同情阿明尼乌派信徒(有时被指控是伪装成新教徒的天主教徒),而是同情霍马勒斯教徒(Gomarists,见下文本书边码第 108 页)。萨尔皮的宗教是一种内在宗教,他在遗嘱中提到圣母和圣徒时简要得不寻常。②我们能在同时代其他显贵身上发现一些同样的态度。例如,卢纳尔多·多纳*既反对西班牙也批评教皇制,虽则他不反对反宗教改革的精神。他研究圣·卡洛·博罗梅奥(Carlo Borromeo)和路易·德·格拉纳达(Luis de Granada)修士的宗教性著述,提到后者应该"一年读两遍"。③ 安东尼奥·普留利*(根据他的遗嘱)希望"仅仅由于我主耶稣基督为我们流的血"升入天堂——一个显然是天主教贵族信徒说出来的确实不同凡响的套话。尼科洛·达·蓬特*对圣奥古斯丁感兴趣,他还为威尼斯异端布切拉(Buccella)辩护;他的兄弟安德烈亚逃至加尔文的日内瓦;教皇庇护五世认为他是一个坏天主教徒,不过耶路撒冷

---

① 关于 Sarpi, 对照 Cozzi (1959b), Burke (1967) 和 Wootton (1983)。
② Cozzi (1958), 211ff.
③ Seneca (1959), 36.

的教长(patriarch)却认为他是一个好天主教徒。①

一些曾作为大使出使罗马的威尼斯显贵的报告表明,他们反对西班牙并因为教皇支持西班牙而敌视教皇。我们想到的例子有波洛·提埃坡罗(Zuan Tiepolo)＊、波洛·帕鲁塔＊、阿戈斯蒂诺·纳尼＊和西莫内·孔塔里尼＊。我们可将这个群体(与威尼斯政治中的"青年帮"若非完全重合,至少也部分重叠)描绘为反教皇(在反对教皇司法权的意义上)和反教士(至少在反对教士免于世俗司法和世俗赋税的意义上)的。还有些证据(来自贵族,若非来自精英的话)表现了更激进的非正统信仰。祖安弗朗切斯科·洛雷当及其圈子是17世纪所说的"自由宗教思想家"("libertines",将自由思想与自由的爱相结合)的最著名例子。②

然而,若不提到那些持相反宗教态度的同样著名的例子,将会是误导性的。在这些问题上,精英们并非铁板一块。贵族中有一个虔诚党(如果"党"这个用词太强硬,可称之为一个派系或一个团体),他们更赞成教皇制。教皇家族总是成为威尼斯名誉贵族:阿尔多布兰迪尼家族、佩雷蒂家族,甚至包括博尔盖塞家族,即停止威尼斯圣事活动的教皇保罗五世的家族。虔诚派的显赫成员包括祖安内·多尔芬＊,去世时是一名红衣主教(据说他被选为督察,是对他将一些重要圣骨运到威尼斯的奖赏);③马林·格里马尼＊,被教皇西克斯图斯五世封为骑士并留下钱让耶稣会修士为他做弥撒;祖安·佩萨罗＊,耶稣会的另一位支持者;费里格·孔塔里尼＊,1539年,教皇派驻威尼斯的使节形容他"总是赞同教会";贾科莫·佛斯卡里尼＊,此人想使帕多瓦的耶稣会学院重新开放。虔诚派的另一位头面人物是祖安·科尔内一世＊,西班牙大使形容他"敬畏上帝"。他的儿子是一位红衣主教,贵族教士祖

---

① Stella (1964), 13ff; Stella (1967), 132.
② Spini (1950).
③ Cozzi (1958).

安·提埃坡罗将一部有关威尼斯圣骨的论著题献给他。①

如果考察整个这一时期精英成员的遗嘱你会发现,在绝大多数例子中他们都十分强调宗教的外在形式,从而使尼科洛·孔塔里尼和安东尼奥·普留利的遗嘱显得很特殊。督察们要求身穿法兰西斯会或嘉布遣会的法衣入葬;他们留下做 300 次、500 次甚至 3 000 次弥撒需要的钱(这一时期出现了弥撒膨胀);他们表达了对保护圣徒以及守护天使的虔诚——一种比较新的崇拜。祖安·本博*曾向洛雷托的教堂奉献一艘银船;祖安·科尔内一世*要求某个人以他的名义到那里朝圣;阿尔维塞·巴尔巴里戈在其别墅中供奉着圣苏尔皮乔的遗骨。

当然,这样的单个事例只是就这一主题进行一项问卷调查的可怜替代。由于耶稣会,我们得到了最接近的对等物,1620 年,耶稣会就威尼斯社会重新接纳该修会的问题对议员们的态度做了一项调查。他们估计,至少有一半议员反对他们。威尼斯人反对教皇一直到 1606 年教皇停止威尼斯圣事活动以及之后,这一事实表明,此时绝大多数统治精英都支持反教皇政策,认为当教皇攻击威尼斯的"自由"或特权时,他只是作为一个纯粹的世俗君主在行事。然而,精英们的遗嘱表明,他们中大部分人接受了一种外在宗教,一个集体行为证实了这一印象:即元老院下令修建安康大教堂(Salute),这座教堂是在 1630 年的可怕瘟疫之后修建的,工程委员会称该建筑是"一个平息天国愤怒的恰当手段"。② 我们要如何协调这种明显的矛盾呢? 看起来 1606 年发生的情况是,当威尼斯受到西班牙威胁而教皇站在西班牙一边时,显贵中沉默的大多数人准备接受一个强硬的反教皇团体的领导,但他们并不接受该团体的其他宗教态度。

奇怪的是,这正是尼德兰反抗西班牙统治期间一些荷兰城镇的形势。对西班牙的恐惧促使沉默的大多数人接受了少数加尔文教徒的领

107

---

① Tiepolo (1617).
② Moschini (1842), 27.

导。因此在 1578 年,一群前宗教流亡者接管了阿姆斯特丹市政府。他们包括威廉·巴埃德森*、雷尼耶·坎特*(曾在不来梅生活的一名加尔文教领袖)、马丁·科斯特*、阿德里安·克罗姆胡特*(曾在梅登布利克生活的另一位重要加尔文教领袖)、迪尔克·格雷夫*(谨慎小心地隐居在埃姆登的另一位加尔文教徒)和阿德里安·帕乌*(曾在埃姆登和汉堡生活)。有几年,天主教徒仍可以在阿姆斯特丹城市委员会任职。一个例子是伊斯布兰特·多梅尔(Ysbrant Dommer)*,他在 1578 年进入城市委员会直到 1582 年前后去世。甚至在天主教教徒彻底被排除在公职之外后,精英中仍有一个群体支持宗教宽容。这个群体最著名的成员是 C. P. 霍夫特*,他厌恶宗教迫害,包括天主教的以及新教的,同时他也厌恶琐细的神学争论、教士的野心以及将基督教视为一个"良知问题"而非一个深层的神学问题的观念。简言之,C. P. 霍夫特*实践的是"内在宗教",用他自己的话说"内心的宗教"(inner-lycke religieusheydt)。如同托马斯·布朗爵士(Thomas Browne),据说 C. P. 霍夫特*也可能说过"我不谴责特伦特宗教大会的一切"(他有一本反宗教改革辩论家巴罗尼奥红衣主教的书),"也不赞同多尔特宗教会议上的一切",这个荷兰宗教会议宣称,加尔文教徒有责任相信人都是十足邪恶的并相信上帝只挑选了少数人来拯救。①

　　C. P.霍夫特*娶了布劳家族的一名女子,布劳家族也不可能是强硬的加尔文教徒。不管怎样约安·布劳过去常常印刷弥撒书(扉页上有"科隆"字样)出口到天主教世界。或许这与(比如说)安德里斯·比克尔*和西班牙的贸易往来一样不重要,但比克尔*似乎也从来不是一个坚定的加尔文教徒,布劳*甚至曾将一本书献给教皇亚历山大七世。马丁·科斯特*曾被形容为一个"狂热的加尔文教徒",他当然是很不正统的,以至 1566 年他发现最好还是离开阿姆斯特丹。② 然而,他的

108

---

① H. A. E. van Gelder (1918), esp. pt 2.

② Evenhuis (1965－7), vol. 1, 275.

藏书不仅包括加尔文的著作(就此而言其藏书的加尔文教色彩并不突出),也包括伊拉斯谟、梅兰克森的著作,甚至包括特伦特宗教大会的谕令。雷尼耶·坎特*是加尔文教会的长老,虽然如此,他还是反对1578年以后驱逐天主教徒的做法,据说他本人去世时是一个天主教徒。① 雷尼耶·坎特*还因为1584年他女儿婚礼上的音乐和舞蹈受到教会当局的传唤。②

　　在阿明尼乌(Arminius)教授与霍马勒斯(Gomarus)教授有关神恩论(grace)和预定论(predestination)的争论中——1608年达到白热化,我们忍不住,而且有理由将其与1606年威尼斯的危机做类比。在这两个城市,神恩论与一个政治问题交织在一起:国家是否要控制教会,或更确切地说显贵是否应当控制教士。

　　将温和的C. P. 霍夫特*视作阿姆斯特丹显贵宗教态度的典型代表是诱人的,但也是更有误导性的,如同将尼科洛·孔塔里尼*作为威尼斯精英宗教态度的代表既诱人又有误导性一样。确实,阿明尼乌本人借助婚姻跻身于阿姆斯特丹显贵——1590年,他娶劳伦斯·雷亚埃尔*(更著名的海军上将军劳伦斯·雷亚埃尔*博士之父)之女李丝贝斯为妻。有些精英,如迪尔克·巴斯*和阿尔贝特·布尔赫*,支持"抗议派"(Remonstrants)的立场或追随阿明尼乌。确实,荷兰大议长奥尔登巴内费尔特既支持阿明尼乌教派,也支持荷兰统治阶层的统治;奥兰治亲王支持霍马勒斯教派(或"反抗议派")也是事实,1618年,当争端达到顶峰时他对阿姆斯特丹以及其他支持阿明尼乌派的城镇的委员会进行了清洗。当"抗议派"被迫创建一个独立的教会后,也确实有12位阿姆斯特丹精英(包括他们的近亲)在1633年至1673年间让其子女在那里受洗。他们包括汉斯·邦特芒特尔(Hans Bontemantel,他的政治日记是我们了解这一时期的重要史料)*、亨里克·霍夫特*(追随

① Ibid, 99.
② Roodenburg (1990), 324.

其叔祖 C. P. 霍夫特*的脚步）、尼古拉斯·范·隆（Nicolaes van Loon）*、威廉·范·隆*和科内利斯·范·弗龙斯维克*。①

这一切都是事实，但这并非故事的全部。阿姆斯特丹精英与威尼斯精英一样既有一个虔诚党或虔诚派（当时称为 kerkelyken），也有"自由宗教思想家"（libertymen）。奥兰治亲王之所以能在 1618 年插足并清洗阿姆斯特丹城市委员会，部分是因其中有他的盟友。这个虔诚派由雷尼耶·帕乌*领导，他是召集多尔特宗教会议的幕后关键人物之一，在这次宗教会议上"抗议派"被开除教籍。遗憾的是，雷尼耶·帕乌*的书信文件没有保存下来，因此无法详细说明他的宗教态度。②

不过，我们的确有其圈子的一个成员彼得·沙埃普*的一些证据。1617 年，彼得·沙埃普*医生给前往莱顿大学读书的儿子赫拉德·沙埃普*写了一封建议信。③ 在描绘信中表达的一系列态度时，你很难避免"清教徒"这一术语（一些荷兰人认为该术语与他们的社会密切相关，因为约翰·范·奥尔登巴内费尔特曾向英国大使形容反抗议派是"双重清教徒"，不只他一人这样说）。④ 彼得·沙埃普*医生关心的是，他的儿子应安排好学业，不要虚度光阴、酗酒、嫖妓，以及首先应当"敬畏上帝"。摘自箴言集和传道书（*Ecclesiates*）的有关敬畏上帝的语句贯穿整封信。赫拉德·沙埃普*的书信文件也保存下来了。这些书信中呈现出的上帝是一个经常介入日常生活的形象，这个形象与 C. P. 霍夫特*的上帝极为不同，后者倾向于强调人无法认识上帝。⑤

因此，如同在天主教的威尼斯，在加尔文教的阿姆斯特丹精英内部既有一个虔诚团体，也有一个反教士团体。对西班牙的恐惧成了威尼斯反教士派手中的工具，在阿姆斯特丹则成了虔诚派手中的工具。或许我们应把多尔特宗教会议的严格教义解释为一种恐惧情绪的表达，

110

①　Bontemantel（1897），vol. 2, lxiv.

②　J. E. Elias（1923），149ff；*NNBW*, vol. 9, cols 769－776.

③　GA, Bicker papers, no. 717, 218－220.

④　Carleton（1775），100.

⑤　Schaep（1655）.

到 17 世纪中期,随着对西班牙恐惧的缓解,这些严格教义也衰落了。
如同在新英格兰,在城市精英中,从中产阶级价值观向贵族价值观的转
变可能也导致了加尔文教的衰落。① 阿姆斯特丹统治阶层中最后一位
严格的加尔文教徒可能是尼古拉斯·蒂尔普*,他于 1674 年去世,享
年 81 岁。

我们可以通过比较维特森家族的两名成员(分别活跃于 17 世纪早
期和 17 世纪晚期),说明阿姆斯特丹精英宗教态度的这一变化。赫里
特·维特森*是一个狂热的加尔文教徒,这是可以预料的,因为他是雷
尼耶·帕乌*的朋友。尼古拉斯·维特森*对宗教感兴趣,但是以一种
(基督教)普世主义的方式。在俄罗斯,他前去拜访牧首尼康,他还提
到了对偶像的崇拜、圣·尼古拉斯的重要性以及东正教崇拜的其他细
节。他的同情扩展到"神圣的孔子",他还对萨满教感兴趣。②

把昆拉德·范·伯宁恩*当作某种典型是不明智的,但他至少揭
示了 17 世纪晚期另一种可能的宗教态度,与严格的加尔文教不同的另
一条路径。伯宁恩*斥责天主教、路德教和加尔文教是"三种不洁的精
神"。他同情的不是教会而是教派:莱茵斯堡的联合会(Collegianten of
Rijnsburg, 斯宾诺莎活动的一个小圈子)、贵格会(Quakers)、贝姆信徒
(Behmenist, 雅各布·贝姆的追随者),以及拉巴迪(Labadie)的追随
者,他是 17 世纪"没有教会的基督徒"的又一个例子。③

---

① Howe (1972).
② Witsen (1705), 664ff; Witsen (1966-7), vol. 1, 400ff, 455ff.
③ Roldanus (1931); Kolakowski (1965), 719-749.

第八章 艺术赞助

　　威尼斯显贵与阿姆斯特丹显贵在生活方式、态度和价值观方面的差异通过他们的艺术赞助反映出来。

　　虽然威尼斯贵族崇尚个人节俭，但他们也相信"奢华"的价值，他们依据"奢侈消费"（"spendere largamente"的一种可能的自由译法）界定自己。①展示这种奢华的重要场合有"宴会、婚礼以及建筑物，在这些地方不计成本的花费是正当的"。这里有关建筑物的看法是非常重要的。与服饰一样，建筑物也是威尼斯贵族"前台"的组成部分。建筑师文琴佐·斯卡莫齐（Vincenzo Scamozzi）形容威尼斯宫邸是贵族生活方式的一种表达（l'uso del vivere della nobilità），比如他指出主入口的重要性以及要"能够在举行婚礼时招待亲戚，以及能够举行晚会和宴会"②。

　　所有这种"奢华"的主要动机是家庭自豪感，一种"家庭"的"荣耀"或"光荣"感，即家庭的"荣耀"（honorevolezza）、"体面"（decoro）、"光彩"（lustro）、"光荣"（splendore）。家族宫邸是显贵们关注的焦点。他们会一代又一代梦想着扩建或者重新装饰它，他们买下周围的房屋并劝告后代子孙将这功业继续下去。马林·格里马尼*在遗嘱中描绘了他为圣卢卡区的家庭宫邸"上层"（soler）花费的 2 844 杜卡特——该宫邸是他的父亲委托文艺复兴时期著名建筑师萨米切利（Sammicheli）建造的，他还指示继承人要用维罗纳石材在主入口建一个楼梯。它不

---

① Paruta（1579），282；cf. Burke（1982）.

② Scamozzi（1615），243.

仅仅是一处住所,还是家族的象征。"casa"一词既指家庭又指宫邸绝非巧合。因此,安东尼奥·格里马尼*在遗嘱中提到他的宫邸时写道:"我希望永远不要把它出租;它必须永远由我的儿子们及其家属居住。"祖安·达·莱泽*对继承人做了类似的指示:不要将宫邸分割、出售或出租。

在 17 世纪,威尼斯修建了一些壮观的新宫,包括位于圣斯特凡诺广场的皮萨尼宫和建在大运河上的佩萨罗宫(Palazzo Pesaro),前者是阿尔维塞·皮萨尼*作为家族族长时修建,后者由祖安·佩萨罗*规划并由他的侄子卢纳尔多·佩萨罗(Lunardo Pesaro)*委托巴尔达萨雷·隆盖纳(Baldassare Longhena,17 世纪威尼斯最著名的建筑师)建造。为了建成一座规模如此宏大的建筑,佩萨罗家族分别在 1558 年、1569 年和 1628 年购买了附近的房屋。类似的,祖安·达·莱泽*

图 5　威尼斯的圣莫伊塞教堂,华丽巴洛克建筑和雕塑的杰作,由文琴佐·菲尼*委托建造,此人是威尼斯精英中少数新贵族之一。

在遗嘱里声称,他花费超过 34 000 杜卡特用于修建家族宫邸(靠近十字修会的教堂),他还购买了隔壁的房屋以备将来扩建。①

由建筑师和雕塑家团队建造的炫耀式纪念碑,是颂扬家族甚或个人的另一方式,一种在 15 和 16 世纪几乎不可想象的方式。17 世纪的纪念碑使早前的陵墓相形见绌。位于圣伊塞波的马林·格里马尼*纪

---

① Bassi（1968）.

念碑耗资 5 865 杜卡特,但这座纪念碑与位于圣扎尼波罗的西尔韦斯特罗·瓦列尔﹡纪念碑相比不值一提,后者耗费了 2 万杜卡特。如今博物馆收藏的半身像常常就来自这些陵墓;著名的维多利亚的尼科洛·达·蓬特﹡半身像就是一例。在 17 世纪晚期——与早前威尼斯人的做法不同——一个贵族可能会为所在教区的教堂修建一个新立面,并委托雕塑家将立面变成一座巨大的家族纪念碑。卡洛·孔塔里尼﹡之子安德烈亚·孔塔里尼留下 1 万杜卡特重建圣维塔尔教堂的正立面,并用他父母的半身像作为装饰。文琴佐·菲尼﹡和他的兄弟花费 9 万杜卡特将圣莫伊塞教堂的正立面变成了他们自己的纪念碑。

　　这一时期,甚至乡村别墅也变成了宫邸。①例如波伊苏奥罗的科尔内别墅(由斯卡莫齐为祖安·科尔内一世﹡设计)、皮亚佐拉的孔塔里尼别墅(由马尔科·孔塔里尼﹡扩建)以及 18 世纪早期的两个著名例

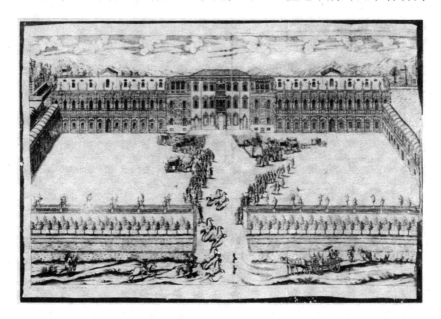

图6　威尼斯的宏大:位于皮亚佐拉的孔塔里尼别墅,此为别墅-宫殿建筑的一
　　　个佳例,为富有的艺术爱好者马尔科·孔塔里尼﹡(**1631—1689 年**)所有。

---

① 　Mazzotti（1953，1957）.

子,即帕塞里亚诺的马宁别墅(为奥塔维奥·马宁*的家族而建)和斯特拉的皮萨尼别墅(为圣斯特凡诺的皮萨尼家族而建,这一时期有六位精英出自该家族的这一分支)。最后这座别墅从 1737 年起采用新帕拉弟奥风格进行重建,规模更为宏大,18 世纪 60 年代,詹巴蒂斯塔·提埃坡罗(Gianbattista Tiepolo)为这座别墅绘制了歌颂皮萨尼家族的装饰画。这一趋势的一个例外是祖安·萨格雷多*在帕多瓦附近的孔塞尔维修建的一座小别墅,但正如我们看到的,他的吝啬如果不是谚语,至少也带有轶事色彩。或者,我们是不是应该说,在一个日益腐败的时代他保持了古老的节俭美德?

对画家和作家的赞助较少涉及家族荣誉,而更与个人趣味相关,它可能反映了真正的艺术兴趣。马尔坎托尼奥·巴尔巴罗*不仅请韦罗内塞装饰他的别墅,而且亲自尝试雕刻。祖安·佩萨罗*酷爱绘画,以至于他在统领威尼斯军队时曾有一次劫掠了一些画。到威尼斯显贵家中做客的人可能会被大量绘画震撼,其中大多是肖像画。丁托列托绘制了马尔坎托尼奥·巴尔巴罗*、帕斯夸莱·奇科尼亚*、波洛·帕鲁塔*、文琴佐·莫罗西尼(Vincenzo Morosini)*等精英的肖像。其中一些画像显然是为歌颂家族订制的。尼科洛·科尔内*有其女先祖塞浦路斯女王卡泰丽娜的三幅画像,而在弗朗切斯科·达·莫林*的绘画清单中,首先就是莫林家族曾任元老(senators)和将军的六位成员的画像。①

有些肖像画是为了满足对历史的兴趣,正如我们已看到的,这是威尼斯显贵的一个首要特征:总督、红衣主教的画像,偶而还有教皇、国王甚至"土耳其苏丹"(the Grand Turk)的画像。也有历史画,通常为古典题材,如《亚历山大与大流士的家人》或《西庇阿与西班牙奴隶》,两幅画都展示了征服者的美德:仁慈与克制。这些私人拥有的绘画是总督宫内历史画的对等物,后者也被视为"美德的典范"(esempi virtuosi)。贾科莫·科雷尔*尤其收藏了大量精美的历史画。

114

---

① Savini-Branca (1964).

也有很多宗教画。宗教画约占费里格·孔塔里尼*收藏的三分之一(57∶153),弗朗切斯科·达·莫林*的收藏也是如此(39∶136)。最受欢迎的圣徒包括施洗者圣约翰、圣方济各、抹大拉的玛利亚和圣塞巴斯蒂安,而一些受欢迎的本地圣徒如圣马可、圣玛丽娜和有福的洛伦佐·朱斯蒂尼安(他本人是一名威尼斯贵族)也出现在收藏中。收藏中的其他作品可能包括古典神话(如表现维纳斯和阿波罗的画),以及当时人所说的“道德创意”,即题为《真实》、《时间》或《谨慎与名誉》的寓意画。在17世纪威尼斯的收藏中可能还有为数不多的风景画,但它们远未引起人们的关注。

据说,祖安弗朗切斯科·洛雷当在弥留之际告诉他的儿子:“我留给你承担的其他责任包括赞助‘才俊’(virtuosi)……威尼斯贵族向来都是文人的保护人。”①许多书籍题献给精英,特别是他们中的一些人(例如尼科洛·萨格雷多*),书的作者可能也得到了奖赏。在17世纪晚期,威尼斯有一种非官方桂冠诗人,比如教士克里斯托福罗·伊万诺维奇,此人常常写正规和(至少从现代人的趣味看来)有点令人作呕的奉承督察和其他人的诗,祝贺他们的婚礼或政治任命。他为1675年当上督察的吉罗拉莫·祖斯蒂尼安*献上一首十四行诗,其中一句贴切地提到了该家族纹章上的鹰;为1675年被任命为达尔马提亚总监(provveditore generale)的吉罗拉莫·格里马尼(Girolamo Grimani)*写了一首十四行诗;还有其他许多他本人所说的“诗颂”。②

在16世纪晚期,虔诚派中的一些人,包括阿戈斯蒂诺·巴尔巴里戈*和扎卡里亚·孔塔里尼(Zaccaria Contarini)*希望关闭剧院并把演员们逐出威尼斯。事实上,据说孔塔里尼*被从病床上抬到元老院做一个反对演员的发言。③但其他贵族都对戏剧和音乐怀有浓厚兴趣。16世纪晚期,一些贵族青年组成的业余戏剧演员团体被称为“紧身裤

115

---

① Lupis (1663), 41.
② Ivanovitch (1681).
③ Cozzi (1959a); Taviani (1970), 69.

协会"(compagnie delli calzi),之所以这样称呼是因为他们五颜六色的服装——这些服装至今尚存,比如安德烈亚·多尔芬(Andrea Dolfin)*年轻时就是这些俱乐部的一员。

马林·格里马尼*热爱音乐,威尼斯是欧洲最早欢迎歌剧这种新艺术形式的城市之一。商业歌剧院(即凭门票而非被邀请入场)1637年被引入威尼斯。到 17 世纪晚期,威尼斯有 12 家歌剧院,其中 8 家属于贵族家庭,包括阿尔维塞·多铎*和马尔坎托尼奥·祖斯蒂尼安(Marcantonio Zustinian)。前者 1651 年在圣阿波纳尔(Sant'Aponal)开办了一家歌剧院,后者的家族歌剧院位于圣莫伊塞区,1640 年,蒙特威尔地的《阿里安娜》(*Arianna*)就是在这里首演的。①马尔科·孔塔里尼*在布伦塔河旁的皮亚佐拉乡村地产上建了一座剧院和一间音乐室;如今保存在威尼斯圣马可图书馆的 120 部乐谱手稿就来自他的著名收藏,其中包括卡瓦利(Cavalli)谱曲的 27 部歌剧。②取自罗马历史的主题极受欢迎,其中包括西庇阿和亚历山大。例如,1595 年,音乐剧《西庇阿的凯旋》(*The Triumph of Scipio*)为威尼斯总督马林·格里马尼*上演;1651 年,一部名为《征服自己的亚历山大》(*Alexander Conqueror of Himself*)的歌剧上演;1664 年,卡瓦利的《西庇阿·阿菲利加努斯》(*Scipio Africanus*)上演;而在 18 世纪初,约瑟夫·艾迪生观看了一场有关恺撒与西庇阿的歌剧演出。③显然,这些歌剧与显贵们收藏的绘画是类似的。

正如我们可以预料的,阿姆斯特丹精英订制的建筑和雕塑作品不那么奢华、那么炫耀、那么渴望大张旗鼓地歌颂家族。确实有一些相当气派的城市住宅,比如现在的赫伦格拉希特水道 446 号,即安德里斯·德·格雷夫*的宅第;赫伦格拉希特水道旁的亚历山大·韦尔特斯*的

① Worsthorne (1954).
② Wiel (1888).
③ Addison (1705), 97ff.

宅第,耗资 4 万弗罗林;特里普宫——一座微型市政厅;或菲利普斯·温布恩(Philips Vingboons)在辛格尔(Singel)水道旁为海德科珀家族修建的住宅,这个住宅占地面积有三座普通住宅那么大,还有一个有喷泉和雕像的大花园,这使它(从后面)看起来像是一座乡村住宅而不是城市府邸。①不过,总的来说,阿姆斯特丹精英的宅第没有威尼斯宫邸那么大,也不是那么昂贵。两位精英——17 世纪早期的扬·德·毕晓普(Jan de Bisschop)*和 17 世纪末期的丹尼尔·贝尔纳德(Daniel Bernard)*——在凯泽斯格拉希特水道旁的宅第造价均为 14 000 弗罗林,相当于 7 000 杜卡特,以威尼斯标准而言真是微不足道(我略去了贝尔纳德*在附近布洛姆斯特拉特(Blomstaat)的马厩设施,价值也约有 2 500 弗罗林)。在阿姆斯特丹,一座住宅仅仅是核心家庭的住所,它似乎并不具有威尼斯宫邸的象征价值。

阿姆斯特丹人也不会在家族坟墓上花太多钱。这并不是说荷兰共和国没有宏大陵墓:沉默者威廉和皮特·海因的公共纪念碑都是辉煌陵墓的例子。不过,炫耀性纪念碑不属于阿姆斯特丹精英生活方式的一部分。偶尔也有例外。可以预料的是,德·格雷夫家族在老教堂有自己的礼拜堂,即以前的圣科尔内利留斯礼拜堂;科内利斯·德·格雷夫*委托南方来的艺术家阿图斯·奎林(Artus Quellin)在老教堂修建了一个有雕塑装饰的坟墓。②

与 17 世纪威尼斯人的别墅相比,阿姆斯特丹精英的乡村住宅似乎微不足道,虽则偶尔也有谄媚性的诗提到"一座宫殿"。③它们通常没有圆柱或壁柱。这些房子大多已经消失了,但从当时的素描以及偶尔的估价来看,它们风格简朴而且规模不大。例如福尔肖腾(Voorschoten)附近的弗雷登霍夫(vredenhof),这座乡村住宅曾属于安德里斯·德·格雷夫*。1733 年,它被估价为 9 000 弗罗林,其中包括花园及周围的

117

---

① Vingboons (1688), fo. 2r.
② Wagenaar (1779), 103.
③ Luttervelt (1943), 128.

其他土地。1733 年的财产清单罗列了别墅的房间。有一个"大厅"
（groote zaal），但总共只有 11 个房间，其中包括 4 间服务室——厨房、
地窖、仆人们的房间和马车库。①

　　在阿姆斯特丹，对于建筑师来说，重要的订单不是私人的而是公共
性的。阿姆斯特丹的快速扩张确保建筑者不会失业。德·格雷夫、比
克尔等人作为市长而不是个人委托修建南教堂（1603 年）、西教堂
（1620 年）、交易所（Bourse）以及最著名的新市政厅（1620 年）。如同
中世纪的佛罗伦萨或中世纪的威尼斯，在 17 世纪的阿姆斯特丹，赞助
主要是市政赞助。

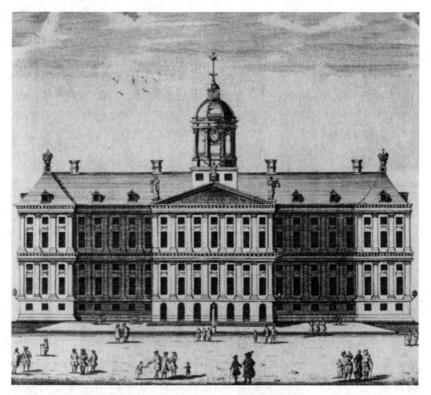

图 7　阿姆斯特丹市政厅。该建筑设计的宏伟朴素风格反映了荷兰市民阶级的
　　　趣味。在这幅版画中，三角墙上的巴洛克雕塑被处理得平淡无奇。

---

① 　GA, de Graeff papers, no. 608, fo. 82 r.

另一方面,至迟到 17 世纪晚期,阿姆斯特丹显贵收藏绘画的兴趣似乎已经赶上了威尼斯人。伦勃朗的赞助人扬·西克斯*是最著名的例子,但还有其他许多例子。两个城市对肖像画具有一种相似的兴趣。热衷家族史的赫拉德·沙埃普*记录了一笔 450 弗罗林的花费,用于家族肖像画的复制和装裱。① 更有阿姆斯特丹特点——也是整个荷兰共和国的特点——的是集体画像,表现一个济贫所或医院的管理者,或者为尼古拉斯·蒂尔普*和塞巴斯蒂安·埃格贝茨宗(Egbertszoon)这样的医生绘制的人体解剖课。②

另一种集体肖像更重要,那就是"士兵群像"(*schutterstuk*),即表现身穿制服的市民卫队的绘画。今天,在(荷兰)国家博物馆(Rijksmuse-um)有十幅这样的绘画,其中卫队队长是一位精英成员,从扬·德·毕晓普*(1599 年)到约安·海德科珀*(1648 年)等等。这些作品有时悬挂在"卫队司令部"(*doelen*),但也可能挂在卫队队长家里。在显贵家中也能看到历史画——如卢克雷西娅(Lucrezia)和波尔蒂亚(Por-tia),或许是作为女性美德的象征,还有象征市民爱国主义的霍拉提(Horatii)。许多画都已经失传了,但我们可以根据扬·福斯(Jan Vos)的诗重建一些更大的收藏,他以类似伊万诺维奇的方式歌颂贵族的事迹和财产。通过福斯我们得知,如同威尼斯,阿姆斯特丹也有"道德创意",如尼古拉斯·赫尔德—斯托卡德(Nicolaes Held-Stokade)为路易·特里普*制作的复杂的装饰方案,其中"审慎"、"智慧"、"命运"和"财富"被添加到一幅歌颂特里普商业成功的绘画中。③

可以想见,在阿姆斯特丹的收藏中,《旧约》主题比在威尼斯收藏中更受欢迎,例如亚伯拉罕、大卫、约瑟夫和所罗门。侧重风景画、静物画和风俗画也是意料之中的。但看到偶尔还有圣塞巴斯蒂安或圣斯蒂芬,或是发现有些市长收集古典神话题材的绘画,就有点令人吃惊了。

118

---

① GA, Bicker papers, no. 717, sect. 4, 99.

② Heckscher (1958).

③ Vos (1726), 380ff; cf. Worp (1879).

例如安德里斯·德·格雷夫*拥有刻瑞斯(Ceres)、福洛拉(Flora)、朱诺(Juno)、维纳斯和"一个赤身裸体躺着的狄安娜(Diana)"。①狂热的加尔文教徒,市长尼古拉斯·蒂尔普*曾抗议为取悦奥兰治亲王组织的载有"异教男女诸神"的彩车;我们好奇的是,他如何看待同僚们的收藏呢?②

蒂尔普*(Tulp)并非艺术之敌。他让人为他画了至少十幅肖像。他让著名银匠雅努斯·卢特马(Janus Lutma)制作了一个郁金香(tulip)形状的银高脚杯,暗示他的名字。③伦勃朗的名作《人体解剖课》(*Anatomy Lesson*)就是为他而作,他尤其喜欢保罗·波特(Paul Potter)的作品,后者专擅风景画中的动物。事实上,帝尔普*将波特请到了阿姆斯特丹并拥有他的大部分作品。④德·格雷夫*与蒂尔普*艺术收藏的这一对比,或许能为一个老论点提供些许支持:加尔文教间接地激励了风景画的兴起。

文学赞助人基本上也是同一个贵群小群体。在 17 世纪早期,"雄辩社"(chambers of rhetoric),即一种文学俱乐部,在联合省的文化中依119 然很重要。阿姆斯特丹分部,即"雅社"(*De Egelantier*)中包括一些显贵家庭的成员,如帕乌、雷亚埃尔和沙埃普。冯德尔著作的献词中反复出现德·格雷夫*兄弟、海德科珀父子以及扬·西克斯*的名字,在福斯著作的题词中也是如此。与威尼斯贵族一样,阿姆斯特丹显贵在结婚、出使国外或被任命为市长时也接受"诗颂"。这些诗描绘他们的肖像或乡村别墅。大量此类应景诗被生产出来。例如,在威廉·巴克尔(Willem Backer)*当选市长和逝世时,至少有 24 个人写了拉丁诗。⑤至于更严肃的作品,有趣的是,我们发现为阿姆斯特丹剧院写的戏剧也是《圣经》和古典题材的混合,如同海德科珀父子和德·格雷夫*兄弟画

---

① GA, de Graeff papers, no. 608, fos 56ff.
② Fremantle (1959), 64.
③ Heckscher (1958), 74ff.
④ Houbraken (1718-21), vol. 1, 102; Cuyper (1898).
⑤ G A, Backer papers. no. 70.

廊的绘画一样。这些戏剧讲述大卫、所罗门、美狄亚和克劳狄·奇维利斯（抵抗罗马的巴达维亚英雄）。

我们自然想知道，显贵对题献给他们的那些戏剧是否有任何影响，如果是，其目的何在。至少在一个事例中，有一个很好的证据可以作为答案，即冯德尔的《帕拉米代西》（*Palamedes*）。据教会史家吉拉尔德·勃兰特（Geeraerd Brandt，他本人认识这位诗人）记载，1625 年的一天，冯德尔正和阿尔贝特·布尔赫*谈论六年前被处决的奥尔登巴内费尔特，布尔赫*说："写写这个。"冯德尔回答道："时机尚不成熟。"布尔赫*答道："只消把人名换换就行了。"[①]于是《帕拉米代西》诞生了。在一个习惯历史类比的时代，人们不难认出"受伤害的无辜者"帕拉米代西就是奥尔登巴内费尔特，阿伽门农就是奥兰治亲王毛里茨，或者梅格尔就是雷尼耶·帕乌*。冯德尔被传唤到阿姆斯特丹地方法官们面前回答对其剧作的质询。一些法官想赦免他，而另一些人（虔诚派）想严厉惩罚他。最后他只是被罚款了事。

冯德尔因剧作惹上麻烦不只这一次。1638 年，教会委员会（Kerkeraad）抱怨冯德尔的戏剧《阿姆斯特尔的吉斯布雷希特》（*Gysbrecht van Amstel*）是"迷信的"。戏剧的场景设置在中世纪，有一些地方提到了天主教信仰。虽有这样的抱怨，市长雅各布·德·格雷夫*宣布剧中没什么唐突之处，演出继续进行。还有一次，1654 年，教会委员会抱怨冯德尔的戏剧《路济弗尔》（*Lucifer*）。这一次，市长们（其中一位是蒂尔普*）禁止该剧演出。德·格雷夫家族与蒂尔普的分歧延伸到他们对戏剧的态度。

阿姆斯特丹城市委员会不仅在冯德尔的问题上有分歧，他们甚至对于要不要有剧院都意见不一。虔诚派（在这方面也像英国清教徒）希望关闭剧院并把剧院变成学校。市长们倾向于采取温和路线，他们支持剧院存在，但警告演员们不要激起愤慨。这种温和路线似乎是敌

120

[①]　Brandt（1682），14.

对力量冲突的结果。例如,1666 年,市长们允许剧院重新开放,但对演员们做了严厉警告,这些市长中有蒂尔普*,也有冯德尔的赞助人科内利斯·范·弗龙斯维克*和安德里斯·德·格雷夫*。①

有关反宗教改革与巴洛克风格之间的可能关系以及有关加尔文教与古典主义,已有大量著述。对 17 世纪两个显贵群体(一个是天主教,一个主要是加尔文教)的趣味进行一项比较研究,似乎是驳斥这个问题的最明显方式。

在威尼斯,16 世纪晚期一些有影响的显贵喜欢朴素,如费里格·孔塔里尼*和卢纳尔多·多纳*。②不过,对华丽的趣味很快就占了主导。丁托列托曾是一位有争议的画家,但到了下一代,他的追随者圣·佩兰达(Sante Peranda)以其宗教画红极一时。佩兰达优美和雅致(maniera cosi grazioza, gentile e leggiadra)的风格在当时受到追捧,他的赞助人包括虔诚派的一些显要人物,如马林·格里马尼*和雷尼尔·泽恩*。前者在 1592 年将佩兰达带到罗马,后者有佩兰达的《基督在园中苦祷》和《基督被鞭笞》。③肖像画领域最著名的是蒂贝里奥·蒂内利(Tiberio Tinelli),此人深受范·迪克(Van Dyck)影响。安东尼奥·纳尼(Antonio Nani)*和安东尼奥·普留利*也有蒂内利的作品。当时走红的另一位画家是彼得罗·利贝里(Pietro Liberi),此人是帕多瓦尼诺(Padovanino)的弟子。弗朗切斯科·达·莫林*欣赏利贝里的作品,并使他在 1652 年被封为骑士。菲尼*家族委托利贝里装饰家族宫邸,阿尔维塞·皮萨尼*和贾科莫·科雷尔*分别有利贝里的一幅画。④ 科雷尔*也有"古怪的"约瑟夫·海因茨(Joseph Heinz)的一幅画和卢卡·费拉里(Luca Ferrari)一幅"具有奇异之美的画"。⑤

转向雕塑,我们发现最著名的巴洛克雕塑,即贝尔尼尼的《圣·特

① Kalff (1895);Worp (1904－8), vol. 2, 99ff.
② O. Logan (1972), 192;Tafuri (1981), ch. 1.
③ 引自 Boschini (1664)的导言部分。
④ Savini-Branca (1964).
⑤ Boschini (1660), 553.

雷萨》是一位威尼斯贵族,即红衣主教费里格·科尔内*,总督祖安·
科尔内一世*之子订制的。蒂拉里(Tirali)为西尔韦斯特罗·瓦列尔*
(1705—1708)制作的纪念碑包含了巴洛克风格的全部要素:衣褶、垂
花饰(swags)和彩色大理石。委托建筑师特雷米农(Tremignon)和雕塑
家梅林(Meyring,贝尔尼尼在弗莱芒的追随者)制作圣莫伊塞教堂(San
Moisè)的正立面的是文琴佐·菲尼*。装饰的富丽无以复加。圣莫伊
塞教堂正立面的柱子不仅有凹槽,还有横向扁带饰,这些扁带饰上装饰
着圆花饰。有一点或许很重要,新贵族们对威尼斯朴素传统的这一显
著衰落负有责任。

　　总督尼科洛·萨格雷多*的趣味较为折中。他的遗嘱提到了他的
一些画,包括"我卧室"的两幅画,一幅是彼得罗·迪·科尔托纳(Pi-
etro di Cortona)的作品,一幅是普桑(Pussin)的作品。萨格雷多对普桑
的偏好在这一时期的威尼斯贵族中似乎并不常见;或许它源于萨格雷
多*17世纪50年代作为大使在罗马居住的经历。正是在罗马,他开始
欣赏巴洛克画家卡洛·马拉塔的作品,向他订制了一幅《东方三王朝
拜初生基督》(*The Adoration of the Magi*)。①

　　约自1640年起,华丽趣味的兴起可通过歌剧加以说明,在这一时
期歌剧依次是奇观、戏剧和音乐。在文学中,威尼斯精英的趣味分裂为
华丽和艰涩,以及朴素和简洁。据说,彼得罗·巴萨东纳*"喜欢别出
心裁的比喻和辛辣的俏皮话"(*amico delle arguzie e de' concettini frizzan-*
ti)。②祖安弗朗切斯科·洛雷当是巴洛克诗人马里诺(Marino)的一位 　122
伟大仰慕者,他为马里诺写了传记,他本人还形成了一种当时被称为
"自负的"(conceited)风格。对异域风情的趣味,在歌剧以及传奇的主
题和写作手法上都有体现。一种语言膨胀(不用说还有贬值)发生了;
"崇高的"(heroic)一词是这一过程的一个明显例子,特别是当它出自

① Bellori (1672), 586-7.
② RA, 384.

克里斯托福罗·伊万诺维奇之笔。例如他形容在皮佐拉修建的一座剧院是马尔科·孔塔里尼*"崇高天才"和"崇高慷慨"的结果。在威尼斯,如同在巴洛克时期欧洲的其他地方,玩弄辞藻很流行。文字游戏甚至出现在最严肃的语境中。当多梅尼科·孔塔里尼*在遗嘱中提到他兄弟"天使般的美德"(angelic virtues),现代读者可能会吃惊地发现后者的名字就是安杰洛(Angelo,意为"天使")。

其他威尼斯人,如保罗·萨尔皮及其圈子(包括尼科洛·孔塔里尼*和卢纳尔多·多纳*)用一种朴素的风格写作。有此趣味的不只他们。元老院对巴萨东纳*的发言不屑一顾,因为元老院更喜欢"坚实有力的风格"(le sode e vigorose sentenze)而非尖刻傲慢的风格。①威尼斯元老院也投票支持隆盖纳为"安康大教堂"(Il Salute)设计的方案,建筑委员会从宽敞和采光而不是体量或装饰的角度向元老院描绘了这一方案。②视简朴的趣味与威尼斯传统的节俭风格相对应,华丽的趣味与炫耀式消费的新风格有关是很诱人的。在17世纪,华丽风格赢得了胜利。

在阿姆斯特丹,简朴风格在这一时期似乎一直占主导,比如温布恩和范·坎彭的建筑、波特的风景画、范·海瑟姆的花卉画以及范·德·赫尔斯特的肖像画。范·德·赫尔斯特似乎是17世纪40—60年代最受阿姆斯特丹精英欢迎的肖像画家。请他画像的人包括丹尼尔·贝尔纳德*、弗兰斯·班宁·考科*(此人因出现在伦勃朗更华丽的《夜巡》中而闻名)、约安·海德科珀*、阿尔贝特·帕特尔*、科内利斯·德·弗龙斯维克*、科内利斯·维特森*。他的作品富有洞察力,但似乎并未将画中人理想化。在这个意义上,我们或许可以赞同扬·罗梅因(Jan Romein),他将统治阶层订制的绘画归为马克思式的"资产阶级现实主义"类型。③艺术家和作家豪布拉肯尤其提到菲利普斯·温布恩斯

① RA, 386.
② Moschini (1842), 7ff.
③ Romein (1934), 419.

图 8 阿姆斯特丹的非正式性:B. 凡·德·赫尔斯特绘制的丹尼尔·
贝尔纳德*(1626—1714 年)肖像,此人在市政府委员会任职长
达 27 年。画中桌子上摆放的是东印度公司的文件。

设计的住宅没有装饰这一事实,例如他在乌特勒支附近的皮能堡为雅
各布·辛罗鹏*的遗孀建造的住宅。①

　　有一小群显贵似乎被一种宏大风格吸引了。伦勃朗为他们中的许
多人工作过,特别是一些阿明尼乌派教徒。②路易·特里普*和尼古拉
斯·特里普(Nicolaes Trip)*兄弟委托伦勃朗为他们年迈的父母雅各

---

① Houbraken (1718 - 21), vol. 3, 402.

② Dudok van Heel (1969), 149ff; Schwartz (1985).

图9 威尼斯的正式性：着官袍的监察官。

布和玛加丽塔画了肖像。人们常常提到这对老夫妇过时的服装,特别是玛加丽塔的轮状硬领。这是她过时趣味的一个标志,还是赋予该家庭古朴感的一种方式? 不管怎样,雅各布以其《旧约》中以色列家长式的神情,被塑造成了一位光辉的祖先。安德里斯·德·格雷夫*——除让伦勃朗为他画像并就价格与他争吵外——请画家雅各布·约尔丹斯(Jacob Jordaens)和雕塑家阿图斯·奎林为他工作,这两人都是巴洛克艺术家,而且重要的是,他们来自安特卫普。他也是画家霍弗特·弗林克的朋友,后者从范·迪克那里借来许多优雅造型,使画中人看上去更像贵族。弗林克为蒙特家族(贡献了四名精英)一位身份不明的成员绘制了肖像,画中人物一只手放在胸前,另一只手优雅地垂着。①

　　昆拉德·范·伯宁恩*(一如既往的古怪)不属于任何类型;在绘画方面,他喜欢丢勒和弗莱芒风景画家亨利·梅特·德·布莱斯(Herri met de Bles)。②但阿姆斯特丹显贵的趣味给人的总体印象是朴素中带有一种追求宏大的冲动。市政厅就是对这一印象的概括。这是一座朴素的建筑,其简单的线条与充斥着寓意雕像的巨大三角墙(又是阿图斯·奎林的作品)格格不入。

　　文学中艰涩的趣味似乎比绘画中的华丽风格更普遍。在面向精英的文学中,双关语、字谜游戏、藏头诗都非常流行。有一个人为彼得·沙埃普*(拉丁文为 Petrus Schaepius)创作了一则"字谜游戏"(tu spe hic superas)。③当福斯为亚伯拉罕·博姆撰写墓志铭,他无法抗拒与树(boom)显而易见的关联,而他为阿尔贝特·布尔赫*(Albert Burgh)写的墓志铭称后者是"人民的堡垒"(Burgerbugh)。当描绘他的首要赞助人约安·海德科珀*的马塞文(Marsseveen)别墅时,他也无法不使用谐

124

①　Moltke（1965）, nos 201, 205, 206, 424, 476, 477.
②　Roldanus（1931）, 57n.
③　GA, Bicker papers, no. 717, sect. 4, 222.

媚的双关语"战神和维纳斯"(Mars and Venus)。①这种卖弄学识和才智表明,威尼斯、阿姆斯特丹和其他地方(如巴塞罗那)的显贵有意识地试图与普通人拉开距离,以此维护其贵族地位。②

① Vos (1726).
② Cf. Amelang (1986), ch. 8.

第九章 从企业家到食利者

到目前为止,每章都提到了一些历时性变化。这些变化本身足以专辟一章来讨论,以描绘1580年阿姆斯特丹与威尼斯显贵的差异,以及1720年两个城市显贵的情况。要问的一个问题显然是,威尼斯和阿姆斯特丹是否"衰落"了？这个问题自17世纪以来就不断被提出。对历史学家而言,"衰落"是一个难以回避但又相当模糊的概念。在能够有把握地使用这个概念前,我们有必要做各种区分。是威尼斯和阿姆斯特丹城衰落了,还是它们的精英衰落了？衰落是人数下降、财富减少还是权力削弱？衰落是绝对的还是相对的？

让我们首先看人数。在威尼斯(在这里精英是一个正式界定的贵族群体的上层),人口衰落非常明显。1594年,年龄超过25岁(即进入大议会的年龄)的威尼斯贵族有1 967人,但到1719年人数已减至1 703人。同时,有一百个新家庭加入贵族,使年龄超过25岁的贵族在1719年增加了316人。因此老贵族家族的衰落非常严重,从1 967人减少为1 387人。需要补充一点,这些新家庭缺乏老家族那种宗族组织。在1719年,新家庭每个姓氏平均有3个成年男子,而老家族每个姓氏平均有12名成年男子。①

人口数量下降的一个原因是瘟疫,特别是1630—1631年的瘟疫
(选择1580年作为基准线意味着我们已把另一场大瘟疫,即1575—1577年的瘟疫考虑在内了)。威尼斯总体上从瘟疫中恢复了,因为人口又回升到以前的水平,大约为14万。另一方面,贵族却不是如此。

---

① 1594, BCV, MS Donà 225; for 1719, BCV, MS Cicogna 913.

威尼斯恢复到以前的规模可能只是外来移民的结果,整体来说土生土长的威尼斯家庭的数量减少了。对这个问题尚无研究。然而就贵族而言,历史学家被当时的一种解释吸引:贵族人数下降是因为结婚的贵族更少了。对 21 个贵族家庭的一项个案研究表明,在 16 世纪,达到适婚年龄而未婚的贵族男子占 51%;到 17 世纪,这一比例上升至 60%;18世纪可能上升到了 66%。该研究也提到一个事实,即有 40% 的婚姻只产生了一个孩子或根本没有孩子,并认为这是由于贵族中流行淋病——但正如一个批评者指出的,幼年夭折的孩子并不总是被记录在资料中。①

威尼斯贵族的另一个结构性变化,是与 17 世纪英格兰有名的"荣誉膨胀"一样的。在 17 世纪中期与奥斯曼帝国争夺克里特岛以及 17世纪末争夺摩里亚半岛的战争期间,威尼斯政府急需要钱。它因此决定允许新家庭以 10 万杜卡特的价格加入贵族。②甚至一个来自贝尔加莫的卖香肠的家庭(米内利家族)也以这个价格被政府接纳,这件事激起老贵族的极大愤慨。购买督察职位(proctorship)也更容易了,价格为 2 万或 2.5 万杜卡特。1719 年的督察人数大约是 1578 年的两倍。其中一些人从来没有担任过其他任何重要职位。尤其令人吃惊的是,在像威尼斯这样的老人政治(gerontocracy)国家,有 5 个督察职位卖给了少年,一个在 1649 年卖给总督之子西尔韦斯特罗·瓦列尔*,另外 4个在 17 世纪 90 年代售出,那时(任官职的)人员短缺以及资金短缺正日益成为威尼斯政府面临的严峻问题。然而,事实上老贵族家庭垄断了这些荣誉。这一时期,新家庭中只有 5 人当上了督察。

在荷兰共和国,一些城镇(如济里克泽)的显贵也面临与威尼斯类似的人口数量下降问题,但阿姆斯特丹不在其中。③阿姆斯特丹的人口持续上升直到 1680 年前后,而且与威尼斯相比,这里要填充的官职数

① Rodenwalt (1957); Davis (1962), 62.
② Cowan (1985, 1986).
③ Dijk & Roorda (1971).

量也比较少。事实上,对精英而言,17 世纪晚期阿姆斯特丹的趋势是
关闭大门。1696 年至 1748 年选出的 40 位新市长(burgomaster)中,只
有 3 人与以前的市长没有关系。对像科尔内这样的家庭来说,权力也
没有削弱。

这一时期,威尼斯和阿姆斯特丹显贵的财富似乎也没有减少。在
威尼斯,1581 年填写收入申报的 18 位精英年平均收入为 1 300 杜卡
特,1711 年填写申报的 38 位精英年平均收入为 7 500 杜卡特。不太清
楚该如何看待这些数字。它们不可能简单地表明威尼斯上层贵族的财
富增长了近 6 倍。我们必须考虑到货币贬值,至少从 1581 年至约 1620
年如此;以及考虑到一个事实,即越来越多地售卖督察职位将富人纳入
了精英阶层。我们也可以怀疑(但无法证实这个猜测),1581 年和
1711 年公布的收入差别,主要是两个群体之间的差别:一个群体把大
量资本投资于贸易(这种资本并不在收入申报中出现),另一个群体的
大部分收入来自地产和房产。即便如此,精英似乎也没有在经济上衰
落;变穷了的不是精英,而是那些低层贵族。①衰落了的是威尼斯城,她
从一个具有欧洲重要性的港口,变成了一个只具有地区重要性的港口。
即使如此,与其说威尼斯发生了变化,不如说当周围世界发生变化时威
尼斯依然如故。荷兰人和英国人开始在地中海与威尼斯竞争,而且由
于大西洋新近获得的重要性,地中海衰落了。

在阿姆斯特丹,最富裕的市民(包括精英)财富的显著增长是真实
的,也是明显的。1585 年,阿姆斯特丹城不是一个富饶或人口众多的
城市,当时的人口约为 3 万,只有 65 个家庭的财产被评估达到或超过
了 1 万弗罗林。到 1674 年,该城变得人口众多而且富饶,居民总人数
接近 20 万,有 259 个家庭的财产被评估为 10 万弗罗林或更多。阿姆
斯特丹城的财富继续增长,超越了我们的时期界限(一直持续到 1730
年左右),在那笔财富中,精英继续占很大份额。

128

---

① Davis(1962).

那么衰落在何处？有衰落吗？令当时人印象最深刻的是两个精英群体生活方式的变化。他们常常把这种变化解释为一种道德衰落，不过对我们来说，把它视为——套用帕累托的语言来说——从一个企业家群体向一个食利者群体的转变更恰当。①这一变化果真发生了吗？如果是，它何时发生，缘何发生？对于这些问题，从17世纪给出的答案着手比较合适。大约1612年，英国大使达德利·卡莱顿（Dudley Carleton）对威尼斯贵族作了如下描述：

> 在这里他们改变了自己的方式……以前他们的生活方式就是做买卖；如今这被完全抛弃了，他们的目光转向土地，买房置地，为自己配备马车和马匹，把大好时光比以往更多地用于炫耀和向女人献殷勤……以往他们把儿子送上驶往黎凡特的船，让他们熟悉航海和贸易。如今他们送儿子去旅行，学习更多与绅士而非商人有关的东西。②

1620年，一个不知名的当代人（用意大利语写作）指出，如今威尼斯贵族们不是前往黎凡特，而是无所事事地待在家里，他们牺牲其大陆臣民的利益去开发那里的土地。③

至于尼德兰精英，荷兰历史学家列文·范·艾泽马（Lieuwe van Aitzema）记载，1652年在阿姆斯特丹有一种抱怨说"统治者不是商人，他们不去海上冒险，而是从房屋、土地和证券中获得收入，从而使海洋落入他人之手"④。过去几百年内有关荷兰社会史的讨论曾多次引用这段话。换言之，当时的人注意到了17世纪两个精英群体生活方式的

129

---

① Stella（1956）；Cozzi（1958），ch. 1；G. W. Kernkamp（1987），vol. 1, 107ff；Ravesteyn（1906），186.
② Carleton（1992），27（拼写现代化了）。
③ Relatione 2, fo. 144.
④ Aitzeman（1657－68），vol. 3, 762；cf. Brugmans（1897－1905），158；and Renier（1944），105.

一个极为重要的转变。这个转变是从海洋转向陆地,从工作转向娱乐,从节俭转向炫耀性消费,从企业家转向食利者,从市民转向贵族。

在进一步讨论有关这一转变的各种解释之前,我们最好采纳17世纪学者约翰·塞尔登(John Seldon)的出色建议:"不要事后探究一件事的原因,除非你已确定事情本身就是这样。常常是,我们还没有弄清楚是什么事就问其原因是什么。"①从贸易向土地的转变真的发生了吗?当时的人对于他们访问甚或生活的国家的社会进程的认识并不总是正确的。在16世纪早期,威尼斯普留利家族的一位日记作家用几乎和卡莱顿相同话抱怨说,威尼斯贵族抛弃海洋转向土地,爱好欢娱而不是工作。约在1600年,帕多瓦的威尼斯监军(capitano)扬言,威尼斯人拥有帕多瓦三分之一的土地——但同样的观点早在1446年就出现了。②事实上,截至13世纪末威尼斯人已在帕多瓦附近购买了大量土地。③此前在9世纪,已有威尼斯贵族在北意大利陆地拥有土地。④因此,从企业家向食利者的转变乍一听像是中产阶级的兴起;但它在如此多的历史时期内发生,以致我们开始怀疑它是否真的发生过。

就阿姆斯特丹而言,引用艾泽马那段著名文字的历史学家并不总是记得,这段话并不代表这位头脑冷静和一丝不苟的编年史家深思熟虑的评论。他只是把它作为一种抱怨记录下来,这是一些阿姆斯特丹商人在第一次英荷战争爆发第一年的抱怨,意在表明战争进行得不够坚定,他们的利益遭到了忽视。他们是在陈述一个政治形势,而不是试图描绘社会变迁。事实上,如果考察1652年城市委员会成员的职业,我们就会发现,37名委员中有18个商人或制造商,另外8人是东印度公司或西印度公司的董事,剩下只有11人不属于上述任何类型,其中最著名的是市长科内利斯·德·格雷夫*。很难说这些人放弃了贸

130

① Seldon (1892), 161.
② Beltrami (1961), 52.
③ Cracco (1967), 82.
④ Luzzatto (1958).

易,或不再进行冒险。

对于是否真有从企业家向食利者的转变这个问题,另一条路径是考察具体家庭。就威尼斯而言这并不容易,关于威尼斯贵族贸易活动的信息太过零散,不过我们可以对比到黎凡特经商的祖安巴蒂斯塔·多纳(Zuanba tista Donà)*和他的儿子卢纳尔多·多纳*,后者的财富主要来自维罗纳附近的土地。①

在阿姆斯特丹,对个体家庭内变化的研究要深入得多。例如,历史学家喜欢提到德·格雷夫家族的三代人。迪尔克·格雷夫*是一个制铁商,1578年当上了市长。他的儿子雅各布也是个商人,但他买下泽伊德波尔斯布鲁克庄园,并自称"雅各布·德·格雷夫*"、"泽伊德波尔斯布鲁克公爵"(Vrijheer van Zuidpolsbroek)。他从1613年起担任市长。雅各布的两个儿子就是著名的安德里斯·德·格雷夫*和科内利斯·德·格雷夫*兄弟。他们根本不是商人,而是食利者和政客。在尼古拉斯·埃利亚斯·皮克诺伊(Nicolaes Elias Pickenoy)为科内利斯·德·格雷夫*画的著名肖像中,科内利斯没有穿商人的长袍,而是做绅士打扮,身着一件领口和袖口有绣花镶边的锦缎紧身上衣。

131   我们还可以考察一下显赫的比克尔家族的三代。赫里特·比克尔*(1603年成为市长)是个酿酒商,他的儿子安德里斯·比克尔*(1627年成为市长)是与俄罗斯做买卖的商人。他有一处地产并使用"恩格伦堡领主"(Heer van Engelenberg)的头衔,但在范·德·赫尔斯特为他画的肖像中,他穿着朴素,表情严肃。荷兰史学家喜欢把这幅画像与安德里斯·比克尔*之子赫拉德(Gerard Bicker)的一幅画像对照,后者看起来肥胖、颓废并且事实上一事无成。在生活和肖像上的另一个著名对比是 C. P. 霍夫特*和他的儿子 P. C. 霍夫特*。前者是商人和市长,身穿黑色长袍;后者是历史学家和诗人,没有追随父亲经商或参与城市政治,而是在默伊登城堡过着贵族般的生活。

---

① Seneca (1959), 7.

　　所有这些历经两代或三代的生活方式的变化都是一目了然的,我们还可以举出更多例子,但重要的是,不要将一个家庭的变化混同于一个社会群体的变化。例如,赫拉夫兰德家族表现出了与格雷夫家族相同的社会流动模式和生活方式的变化,但那是在整整一个世纪以后。科内利斯·赫拉夫兰德*——该家庭进入城市委员会的第一人——与迪尔克·格雷夫*一样是个制铁商。他的父亲是阿姆斯特丹的外来移民,一个来自鹿特丹的箱柜匠人。科内利斯·赫拉夫兰德*于1667年进入城市委员会。他的儿子约安·赫拉夫兰德*(生于1652年)上了大学,娶了法尔克尼埃尔家族(阿姆斯特丹最著名的显贵家族之一)的一名女子,并在1703年成为一名市长。他的儿子吉利斯·赫拉夫兰德*变成了"明登领主"(Heer van Mijnden),他在那里有一处乡村住宅。

　　这些事实告诉我们,列举单个事例是不够的;要研究"贵族化"问题,或研究从企业家向食利者的转变必须采用一种更计量性的方法。有关精英的两个事实(可作为衡量他们的依据)是,他们是否有职业以及他们是否有乡村住宅。企业家更可能有职业而没有乡村住宅;食利者更可能有乡村住宅但没有职业。这一规则并非屡试不爽;如果两个群体的差异依据态度界定,那么你极有可能看到企业家式的地主(如雅各布·波彭*)以及没有乡间住宅的食利者。尽管如此,乡村住宅拥有量的增加,与有记载的职业的减少相对应的几率,表明了一种从企业家向食利者的转变。这个趋势如下:①

时　　期	没有职业(%)	有别墅(%)
1618—1650	33	10
1650—1672	66	41
1672—1702	55	30
1702—1748	73	81

---

① Dijk & Roorda (1971).

这些数字不仅表明确实发生了一种转变,还表明这一转变是渐进的而非突如其来的。食利者是在 1700 年前后而不是 1650 年前后占主导(正如艾泽马的引文表明的)。这个转变似乎与上一章描述的艺术趣味的增长联系在一起。

遗憾的是,类似的计量方法无法被用于威尼斯的情况,但在这一时期初以及这一时期末,所有威尼斯贵族都有土地。因为他们都是贵族,所以他们不描述自己的职业。尽管他们中一些人直接或间接从事贸易,但税收申报没有提供任何相关信息。虽然如此,仍有一些证据显示了在这一时期从贸易向土地的转变。①

有一些力量促使威尼斯精英退出贸易,也有一些力量将他们拉向土地。1570 年塞浦路斯的丧失对贸易是个打击。它对精英的某些影响可从弗朗切斯科·科尔内*的例子估量,此人在塞浦路斯岛上有甘蔗种植园。得知塞浦路斯岛丢失的消息时他正在立遗嘱,他不得不改变一些安排。威尼斯商人的另一个问题是英国和荷兰船的到来,这些船只将贸易与海盗结合在一起,约从 1580 年起来到地中海和亚得里亚海。柏柏里海盗和乌斯科克人的到来也是如此,后者从达尔马提亚海岸上的基地展开活动。然而,对威尼斯贸易的另一打击是 1584 年最后一家私人银行的倒闭,该银行由皮萨尼大家族和提埃坡罗大家族所有。②

至于将精英拉向土地的力量,有一个事实,即从 1550 年至 1590 年小麦价格上涨了三倍。普通威尼斯人确实吃小麦;1570 年,人们抗议小米面包。奥斯曼帝国的日益强大危及东欧小麦的进口,使得在大陆种植小麦日益成为一桩好买卖。③

由于这些原因,威尼斯贵族,包括精英成员,在 16 世纪晚期和 17 世纪早期可能将投资转向了土地,同时又保留了企业家积极进取的态

---

① Woolf (1962); Davis (1975), 35ff.
② Tenenti (1961); Cipolla (1975).
③ Aymard (1996), ch. 1.

度。在这一时期,在威尼斯的大陆领土上出现了土地开垦热潮,其中占
主导的是贵族财团,这些财团中就有费里格·孔塔里尼*和卢卡·米
希尔*这样的精英。截止到 1636 年,威尼斯人拥有帕多瓦 38% 的土
地,而 1600 年是 33%;①然而,土地繁荣未能持久。在威尼托地区,17
世纪的经济萧条(影响了欧洲大部分地区)在该世纪头十年已经很明
显,1630—1631 年又因瘟疫而加剧,这场瘟疫使威尼斯治下人口从约
170 万急剧下降至约 100 万。乡村人口到 1690 年或之后已经恢复了,
但有一种挥之不去的印象:到那时,威尼斯大地主对作为一项事业的地
产的兴趣已经不如从前。

其他类型的证据表明,他们已经发展出食利者的态度。正是在 17
世纪 20 年代晚期雷尼尔·泽恩*在大议会作了反对贸易的著名发
言。②17 世纪早期,安东尼诺·科卢拉菲有关贵族教育的专论警告读
者不要从更重要的政治事务中分心从事贸易。③同一时期,一部作者不
详的著作(有时被认为是保罗·萨尔皮修士所写)也建议贵族远离贸
易。④17 世纪晚期,克里特岛贵族祖安安东尼奥·穆阿佐(Zuanatonio
Muazzo)的一部专论评论了从贸易向土地的转变,并说这是因为对更稳
定(虽较少)的收入的渴望。⑤

别墅的设计表现了同样的趋势。建筑师文琴佐·斯卡莫齐区分了
两种不同的别墅:一种别墅比较小,其中农场靠近主人的生活区,这样
他就能轻而易举地看到发生的一切;另一种别墅比较大,其中生活区与
其他部分相距很远。⑥从马塞尔别墅(Villa Maser,该别墅属于马尔坎托
尼奥·巴尔巴罗*,此人死于 1595 年,其中马厩和酿酒室属于别墅主
体的一部分)到马宁别墅或斯特拉的皮萨尼别墅(在这里,生活区附近

134

① Beltrami (1961), 61.
② Cozzi (1958), 229ff.
③ Colluraffi (1623-33), vol. 1, 179.
④ Sarpi (1788), 27.
⑤ Davis (1962), 43n.
⑥ Scamozzi (1615), 285ff; Barbieri (1969).

没有农场建筑物),这一趋势一目了然。别墅—农场被别墅—宫殿取代。前面已讨论过的(见本书边码第 60 页)管家或经理重要性的提高,也是这一转变的一部分。

简言之,在两个精英群体中,从企业家态度向食利者态度的转变似乎都是一个整体变化。在威尼斯这一转变发生在 1630 年前后,在阿姆斯特丹是 1700 年左右。在这两个城市,这一转变的时间都应该比通常追溯的要晚一些。

但这一转变为什么会发生? 有两个需要讨论的明显可能性:依据外因的解释和依据内因的解释。两种解释都会提供一个布罗代尔所说的"无意识历史"的例子,因为两个城市的精英从来没有试图改变其态度或生活方式。①偶然会有一个 17 世纪的威尼斯人,如米凯莱·佛斯卡里尼或祖安安东尼奥·穆阿佐,注意到贵族婚姻的衰落,甚至将其与贸易的衰落联系在一起,但相关个体和家庭的筹划不可能会考虑到这一点。这样的社会——在其中,人们行动时能够看到自己构成了社会总趋势的一部分——并不多。与此同时,我们应强调指出的是,我们正在讨论的这些变化并不是两个群体的必然选择;有其他可能的反应或策略。一个贵族并非必须购买土地或投资公债;他这样做是因为这在当时似乎是最明智的做法。他知道自己为什么做这一决定,但他并未意识到这一决定的全部后果——对他自己的家庭,以及对同时正做类似决定的同代人的家庭。

从企业家向食利者转变的一种可能解释是内部解释。亚当·斯密概括了这一过程的实质,他写道:"商人通常都渴望成为绅士。"②商人是企业家,换言之,他们是一个成就导向的群体。然而,他们并不是社会地位最高的群体,他们常常将地位最高的群体,即贵族当成一个"参照群体"或文化榜样。而贵族是食利者。因此,在前工业时代的欧洲,

---

① Braudel (1958).
② Smith (1776), bk 3, ch. 4.

一个成功的市民往往会变成一名贵族,或者他的儿子或孙子会这样。我们不难从 16 和 17 世纪英国、法国和西班牙的历史说明这一过程。商人会购买土地,获得头衔,然后退出贸易。从这个观点来看,令人吃惊的不是转变本身,而是它在威尼斯和阿姆斯特丹姗姗来迟。为了解释这一姗姗来迟,我们可以提到一点,即两个城市都在共和国内,那里没有国王以及可供模仿的宫廷贵族。另外,这两座城市都远离肥沃的土地,因此其精英几乎是被迫进行更具有生产性的投资。这些障碍只能延缓变化,但不能完全阻止变化。

　　这种解释似乎很适用于阿姆斯特丹。在荷兰共和国,阿姆斯特丹精英不是地位最高的群体。尽管没有国王,但在海牙的国督(stadholder)宫廷周围有一个贵族群体,他们可充当阿姆斯特丹商人的参照群体。①商人可能改变自己的生活方式。一项国外使命可能使他被一位外国君主册封为骑士。按照一种与骑士身份相称的方式生活是很吸引人的。如果他没有改变自己的生活方式,如雷尼耶·帕乌*爵士显然就没有,他仍然会希望他的子女在社会上更成功,并培养他们去这样做——送他们去雅典学院或是去上大学。至少有三位精英获得了博士学位,而后从事贸易:科内利斯·范·德龙克拉埃尔(Corneils van Dronckelaer)*博士、扬·腾·赫罗腾赫伊斯博士*、赫拉德·范·海莱蒙博士*。这些人的确是巴莱乌斯(Barlaeus)建议的那种"儒商"(mercatores sapientes),但他们都是些例外。总的来说,高等教育并不适合那些追随父辈进入家族商业的人。

136

　　这是一种非常有名的社会机制。美第奇家族就是一个著名的例子,有趣的是,我们发现商人—市长之子,诗人 P. C. 霍夫特*写了一本有关美第奇家族兴衰的著作,其中他把老科西莫与他的孙子"伟大的"洛伦佐进行了对比,前者富有而且聪明,但没受过什么正规教育,后者是文学的赞助人和一位对商业不感兴趣的诗人。这不禁让我们觉

------

　　① Cf. Nierop (1984).

得 P. C. 霍夫特＊想到了他的父亲和他自己。①对这一过程最文雅也最
冷酷地概括,莫过于 18 世纪日本的一首俳句:

房屋待售

鄙人用雅致的汉文风格写作

乃家族第三代。②

不过,这种解释不太适合威尼斯。威尼斯精英是正式界定的贵族
阶层的一部分。除了自己,他们没有其他参照群体,至少在中世纪如
此。然后在 15 世纪,他们在意大利北部获得了一个陆地帝国。渐渐
地,威尼斯贵族开始购买越来越多的土地,他们也逐渐在生活方式和价
值观方面模仿大陆贵族。正如中国同化了入侵的蒙古人和满族人,意
大利北部的大陆也同化了入侵的威尼斯人。土地开始是仆人,但最终
成了主人。

在一篇有趣的文章中,美国经济史家理查德·拉普(Richard
Rapp)批评了这种态度或心态变化的经济后果的观点。拉普论证说,
如果贸易的利润低于土地的收益,“我们就不需要用一种心态变化来
解释优先投资中的变化”。不过他承认,在这一时期,“商业赢利始终
略高于农业收益”。威尼斯人转向土地是为了减少风险。这正是我的
观点。在追逐利润的过程中,从甘冒风险到不愿冒风险的转变,正是一
种从企业家心态向食利者心态的转变。③

在阿姆斯特丹,内部因素似乎解释了个体家庭(如德·格雷夫家
族、比克尔家族或霍夫特家族)的发展曲线,但它们不能解释整个群体
的变化。在威尼斯,我们已经被迫需要提出某种外部解释。对社会变
迁最明显的外部解释需要更密切地考察经济。正如帕雷托指出的,经

---

① P. C. Hooft (1649), 5ff, 22.
② Dore (1965), 218.
③ Rapp (1979).

济增长时期有利于企业家型精英,而经济停滞或萧条时期有利于食利者。如果在一个增长期之后紧接着一个萧条期,那么有两种可能:要么统治群体会改变其态度和行为,要么它会被另一个群体代替。

在描写 19 世纪西西里的著名小说《莱奥帕尔》(*Leopard*)中出现了这种困境的一种经典程式,小说中,年轻一代贵族坦克雷迪(Tancredi)告诉老一代贵族法布里齐奥(Fabrizio),"如果我们想要使一切保持原样,我们就必须改变一切"(se vogliamo che tutto rimanga come è, bisogna che tutto cambi)。① 人们并不总像在这个虚构的事例中那样有意识地适应变化的形势,但我们可以认为,在经济困难时期一种自然的反应就是鄙视贸易。换言之,不仅是投资的变化,也是一种社会态度的变化。在整个欧洲(除了荷兰共和国),17 世纪是一个经济萧条或危机时期,因此发生从企业家向食利者的转变并不令人意外。②这一解释在威尼斯确实看起来相当合理,一位历史学家认为 1602 年至 1669 年的威尼斯经历了一个漫长的商业危机。③事实上是发生了一种恶性循环。因为贸易衰落,贵族退出贸易;由于贵族退出贸易,贸易陷入衰落。当艾迪生在 18 世纪初访问威尼斯时,他指出:威尼斯贸易一落千丈,这是因为一方面"他们的贵族认为从事贸易有辱身份",而另一方面"已经致富的商人购买贵族身份并且一般都放弃了贸易"。④

在阿姆斯特丹,我们必须非常谨慎。总体来说荷兰经济一直表现得相当不错,直到 1730 年前后。这一年荷兰人终于丧失了其繁荣所依托的著名中介地位。在阿姆斯特丹,波罗的海的谷物贸易确实衰落了。在 16 世纪晚期和 17 世纪早期,阿姆斯特丹人积极从波兰和东欧其他地区进口谷物,然后在尼德兰出售或将其再出口到意大利、西班牙或其他地方。如 C. P. 霍夫特*就曾参与这一贸易。1631 年,俄罗斯黑麦

138

---

① Tomasi (1958), 24.
② Hobsbawm (1954); Parker & Smith (1978).
③ Sella (1961).
④ Addison (1705), 83ff; cf. Molmenti (1919), 313.

的价格达到最高:每拉斯特(last)263 弗罗林。此后,黑麦价格下跌,小麦价格也开始下跌。这一衰落被东印度贸易的崛起抵消,但整体上看,1650 年至 1670 年仍是整个阿姆斯特丹贸易的一个衰落期(依据政府通过颁发"护航和特许状"获得的收入的减少来判断)。正是在这时,扬·德·维特(Jan de Witt)投资公债的提议越来越引起人们的兴趣。因此,当威尼斯精英开始从贸易转向土地时,阿姆斯特丹精英开始从贸易转向债券。①

这些解释远非无懈可击。在阿姆斯特丹,我们还必须考虑到城市委员会中事务交易量的上升;做一个统治者越来越成为一种全职工作,这与积极从事贸易是不相容的。如果说统治者需要有超凡魅力(charisma),那么我们可以说,阿姆斯特丹精英使用头衔以及他们更贵族化的生活方式都具有一种政治功能;"不崇高的市民阶级"——约瑟夫·熊彼得如此称谓他们——要让人服从,不得不求助于贵族。②剩下的问题是将家庭内的态度变化与群体内的变化联系起来。这个问题在威尼斯不太严重。在威尼斯,1720 年的督察与 1580 年的督察几乎来自同一些大家族。这个问题在阿姆斯特丹严重得多,因为在整个 17 世纪有许多新家庭进入阿姆斯特丹城,以及进入精英阶层。

不过,这个问题有一个解决办法。具体家庭态度的变化与整个精英阶层态度的变化之间,存在一种人口学上的联系。在 17 世纪的欧洲,不仅经济停滞,人口也停止了增长。这事实上又是一个恶性循环。因为艰难时代导致独身和晚婚增多(夫妇不能承受结婚的费用),但这些又加剧了人口衰落,进而使经济更加萧条(因为对产品的需求减少了)。阿姆斯特丹遭受人口衰减的打击比较晚,因为外来移民和人口的自然增加一直推动着阿姆斯特丹人口的增长。正如我们看到的,在这些移民中有许多人进入了精英阶层,还有些是他们的儿子做到了这

---

① Brugmans (1897-1905); Sch？ffer (1964); Faber (1966); Dillen (1970).
② Schumpeter (1943), 137.

一点。

　　我想指出的是,这种持续的移民是企业家精神在阿姆斯特丹延存的主要原因。当"贵族化"的进程驱使德·格雷夫家族退出贸易时,其他家族,如赫拉夫兰德家族填补了他们的位置。然而到 1680 年前后,阿姆斯特丹停止了增长。机遇的开放边界最终关闭了。1672 年(这一年奥兰治亲王将两人安插进城市委员会)以后只有一位第一代移民进入了阿姆斯特丹精英,该阶层在精神特质上自然变成食利者主导了。

　　威尼斯共和国与(荷兰)联合省共和国一直延续到 18 世纪末,但从社会史家的角度看,一个重要的周期性变化在 1720 年前后业已完成。

附录 阿姆斯特丹精英的投资

17 世纪早期

J. P. 雷亚埃尔*（J. P. Reael，死于 1621 年）的财产可拆分如下：46% 现金；28% 房产；12% 股票或远洋投资；8% 债券（包括私人贷款）；6% 土地（GA, Weeskamer, Div. Mem. vol. 3, fo. 110）。

雅各布·波彭*死于 1624 年，财富的 55% 投向土地，33% 债券；11% 房产（Ravesteyn, 1906, 331ff）。

巴托尔德·克罗姆胡特*1624 年去世，留下超过 50% 的财产投向土地（Ravesteyn, 1906, 276ff）。

扬·巴尔*（Jan Bal，假名"海德科珀"）死于 1624 年，留下 66% 的财富投向房产，24% 投向地产，10% 投向债券（GA, Weeskamer, Div. Mem. vol. 3, fo. 212）。

西门·德·赖克*（Simon de Rijck）在 1652 年去世，留下 70% 的财富投资于房产，25% 投资于土地（CS, vol. 1, fo. 1）。

科内利斯·巴克尔*1655 年结婚时公布的财产情况：56% 土地和 44% 债券（GA, Backer papers, no. 77）。

18 世纪早期

在 1701 年至 1725 年，有 15 位精英去世时没有子嗣，CS 中记录了他们财富的构成。所有数字都用百分比表示。

名字	日期	股票	债券	房产	地产
A. 巴克尔*	1701	—	41	55	4
D. 蒙特*	1701	50	12	20	18
C. 科伦*	1704	60	40	—	—
J. 胡德*	1704	20	69	7	4
J. 德·弗里斯*	1708	23	62	9	6
F. W. 范·隆*	1708	—	70	—	30
D. 巴斯*	1709	—	76	23	1
J. 比克尔*	1713	1	95	—	4
D. 贝尔纳德*	1714	26	59	9	6
N. 维特森*	1717	10	80	5	5
J. 布洛克里*	1719	71	14	15	—
A. 韦尔特斯*	1719	68	25	7	0. 3
N. 班比克*	1722	64	33	—	3
M. 范·隆*	1723	9	58	22	11
J. 德·阿泽*	1725	77	15	6	2

参考文献

Addison, Joseph (1705) *Remarks on Several Parts of Italy*, London

Agostinetti, Giacomo (1679) *110 ricordi che formano il buon fattor di villa*; new edn Venice 1704

Agulhon, Maurice (1968) *Pénitents et franc-maçons dans l'ancienne Provence*, Paris

Aitzema, Lieuwe van (1657 – 68) *Saken van Staat en Oorlogh*; 2nd edn, 6 vols, The Hague 1669 – 72

Amelang, James S. (1986) *Honored Citizens of Barcelona: Patrician Culture and Class Relations, 1490 – 1714*, Princeton

Amelot de la Houssaie, Abraham Nicolas (1676) *Histoire du gouvernement de Venise*, Paris

Ariès, Philippe (1960) *Centuries of Childhood*, Eng. trans. London 1962

Arnaldi, Giorgio, and Manlio Pastore Stocchi, eds (1983) *Storia della cultura veneta dalla Controriforma alla fine della Repubblica*, Vicenza

Aymard, Maurice (1966) *Venise, Raguse et le commerce du blé*, Paris

Aymard, Maurice, ed. (1982) *Dutch Capitalism and World Capitalism*, Cambridge

Bacco, G., ed. (1856) *Relazione sulla organizzazione politica della Repubblica di Venezia*, Vicenza

Bachrach, P., and M. S. Baratz (1962) ' The Two Faces of Power', *American Political Science Review* 56, 947 – 52

Backer, Joannes (1678) *Augustissimae societatis indiae orientalis encomium*, Amsterdam

Baiocchi, Angelo (1975 – 6) 'Paolo Paruta: ideologia e politica nel '500 veneziano', *SV* 17 – 18, 157 – 233

Bangs, Carl (1961) 'Arminius and the Reformation', *Church History* 30, 155 – 70

Bangs, Carl (1970) 'Dutch Theology, Trade and War 1590 – 1610', *Church History* 39, 470 – 82

Barbaro, Francesco (1513) *De re uxoria*, Paris; Eng. trans. 'On Wifely Duties', in *The Earthly Republic*, ed. Benjamin G. Kohl and Ronald G. Witt, London 1978, 189 – 228

'Il Barbaro', MS genealogies of the Venetian patriciate, copies in ASV, BCV

Barber, Elinor (1955) *The Bourgeoisie in Eighteenth-century France*, Princeton

Barbieri, Franco (1969) 'Le ville dello Scamozzi', *Bollettino Centro Andrea Palladio* 11, 222 – 9

Barbour, Violet (1950) *Capitalism in Amsterdam in the Seventeenth Century*, Baltimore

Bardi, Girolamo (1587) *Dichiaratione di tutte le istorie*, Venice

Barlaeus, Caspar (1632) *Mercator sapiens*, Amsterdam

Barpo, Gianbattista (1634) *Le delitie e i frutti dell'agricoltura e della villa*, Venice

Bassi, Elena (1968) *Architettura del '600 e del '700 a Venezia*, Naples

Battagia, Michele (1826) *Delle accademie veneziane*, Venice

Bellori, Pietro (1672) *Le vite de'pittori scultori e architetti moderni*, ed. Evelina Borea, Turin 1976

Belotti, Bortolo (1940) *Storia di Bergamo e dei bergamaschi*; 2nd edn Bergamo 1959

Beltrami, Daniele (1954) *Storia della popolazione di Venezia*, Padua

Beltrami, Daniele (1961) *Forze di lavoro e proprietà fondiaria nelle campagne venete*, Rome and Venice

Benzoni, Gino, and T. Zanato, eds (1982) *Storici e politici veneti del ' 500 e del ' 600*, Milan and Naples

Berengo, Marin (1956) *La società veneta alla fine del ' 700*, Florence

Beuningen, Coenraed van (1689) *Alle de brieven en schriften*, Amsterdam

Bistort, G. (1912) *Il magistrato alle pompe nella repubblica di Venezia*, Venice

Bitossi, Carlo (1976) ' Andrea Spinola', *Miscellanea Storia Liguria* 7, 115 - 75

Bitossi, Carlo (1990) *Il governo dei magnifici*: *patriziato e politica a Genova fra cinque e seicento*, Genoa

Blaeu, Joan (1662) *Geographia*, Amsterdam

Blankert, Albert (1982) *Ferdinand Bol*, Eng. trans. Doornspijk

Blok, Pieter J. ed. (1909) *Relazioni veneziane*, The Hague

Boccalini, Traiano (1910 - 48) *Ragguagli di Parnaso*, ed. G. Rua and L. Firpo, 3 vols, Bari

Bodin, Jean (1576) *Six Books of tbe Commonwealth*, Eng. trans. 1606, repr. Cambridge, MA, 1962

Bontemantel, Hans (1897) *De Regeering van Amsterdam*, ed. G. W. Kernkamp, 2 vols, The Hague

Borgherini-Scarabellin, N. (1917) *La vita privata a Padova nel secolo xvii*, Venice

Borlani, Antonia (1988) Introduzione to P. Burke, *Venezia e Amsterdam*, Bologna, 7 - 12

Boschini, Marco (1660) *Carta del navegar pittoresco*, Venice

Boschini, Marco (1664) *Le ricche minere della pittura*, Venice

Botero, Giovanni (1595) *Relatione della repubblica veneziana*, Venice

Bouman, J. (1856 - 7) *Bedijking*, *opkomst en bloei van de Boemster*, Purmerend

Bourdieu, Pierre (1972) *Outlines of a Theory of Practice*, Eng. trans. Cambridge 1977

Bourdieu, Pierre (1979) *Distinction*, Eng. trans. London 1981

Bouwsma, William J. (1968) *Venice and the Defense of Republican Liberty*, Berkeley and Los Angeles

Bracciolini, Poggio (1880) *Facetiae*, Paris

Brandt, Geeraerd (1682) *Leven van Vondel*; new edn Amsterdam 1932

Braudel, Fernand (1955) 'Note sull'economia del Mediterraneo nel 17 secolo', *Economia e storia* 2, 117 - 42

Braudel, Fernand (1958) 'History and the Social Sciences: the *Longue Durée*', in *On History*, Eng. trans. Chicago 1980, 25 - 54

Braudel, Fernand (1979) *The Perspective of the World*, Eng. trans. London 1983

Bredius, Abraham, et al. (1897 - 1905) *Amsterdam in de 17de eeuw*, 3 vols, The Hague

Bremmer, Jan, and Herman Roodenburg, eds (1991) *A Cultural History of Gesture*, Cambridge

Browning, Robert (1975) *Byzantium and Bulgaria*, London

Brugmans, Hajo (1897 - 1905) 'Handel en Nijverheid', in Bredius et al. (1897 - 1905), vol. 2

Burke, Peter, ed. (1967) *Sarpi*, New York

Burke, Peter (1978) *Popular Culture in Early Modern Europe*, London

Burke, Peter (1979) *Dutch Popular Culture in the Seventeenth Century*, Rotterdam

Burke, Peter (1982) 'Conspicuous Consumption in Seventeenth-century Italy', repr. as ch. 10 of *Historical Anthropology of Early Modern Italy*,

Cambridge 1987

Burke, Peter (1987) Introduction to *The Social History of Language*, ed. Peter Burke and Roy Porter, Cambridge, 132 – 49

Burke, Peter (1991a) 'The Language of Gesture in Early Modern Italy', in Bremmer and Roodenburg (1991), 73 – 84

Burke, Peter (1991b) 'Reflections on Art Patronage in Venice and Amsterdam in the 16th and 17th Centuries', *Kunstlicht* 12: 2/3, 5 – 7

Burke, Peter (1992) *History and Social Theory*, Cambridge

Burke, Peter (1993a) 'Notes for a Social History of Silence in Early Modern Europe', in *The Art of Conversation*, Cambridge, 123 – 41

Burke, Peter (1993b) 'Prosopografie van de Renaissance', *Millen-nium* 7, 14 – 22

Burnet, Gilbert (1686) *Some Letters*, Rotterdam

Cameroni, Agostino (1893) *Uno scrittore avventuriero del secolo xvii*, n. p.

Campos, Elsa (1937) *I consorzi di bonifica nella repubblica veneta*, Padua

Canal, Bernardo (1908) 'Il collegio, l'ufficio e l'archivio dei dieci savi', *Nuovo Archivio Veneto*, n. s., 16, 115 – 50, 279 – 310

Capellari, G. A., 'Il Campidoglio Veneto', early-18th-century MS, BMV, It. VII. 8304

Carasso-Kok, M., and J. Levy van Halm, eds (1988) *Schutters in Holland*, Haarlem

Carleton, Dudley (1775) *Letters*, London

Carleton, Dudley (1992) 'The English Ambassador's Notes, 1612', in Chambers and Pullan (1992), 26 – 31

Carr, William (1688) *Remarks of the Government of Several Parts of Germany*, Amsterdam

Castiglione, Baldassare (1528) *The Courtier*, Eng. trans. New York 1959; I used the Turin 1964 edn, ed. Bruno Maier

Cats, Jacob (1624) *Houwelick*; I used the Amsterdam 1708 edn Cervelli, Innocenzo (1966) 'Intorno alla decadenza di Venezia', *Nuova Rivista Storica* 50, 596 – 634

Chambers, David S. (1970) *The Imperial Age of Venice*, London

Chambers, David S., and Brian S. Pullan, eds (1992), *Venice: a Documentary History, 1450 – 1630*, Oxford

Cipolla, Carlo (1975) 'The Italian "Failure"', in *Failed Transitions to Modern Industrial society*, ed. Frederick Krantz and Paul Hohenberg, Montreal, 8 – 10

Cipollato, Maria Teresa (1961) 'L'eredità di Federico Contarini', *SV* 3, 221 – 53

Colluraffi, Antonino (1623 – 33) *L'idea del gentilhuomo di repubblica overo il nobile veneto*, 2 vols, Venice

Commelin, Joan (1683) *Catalogus plantarum indigenarum hollandiae*, Amsterdam

Contarini, Gasparo (1543) *The Commonwealth and Government of Venice*, Eng. trans. 1599, repr. Amsterdam 1969; I used the Venice 1544 edn

Contarini, Nicolò (1576) *De perfectione rerum*; repr. Lyons 1587

Contarini, Nicolò (1982) 'Istorie veneziane', in Benzoni and Zanato (1982), 133 – 442

Coronelli, Vincenzo (1709) *La Brenta, luogo di delizie dei veneti patrizi*, Venice

Coryat, Thomas (1611) *Crudities*; repr., 2 vols, Glasgow 1905

Costantini, Claudio (1978) *La repubblica di Genova nell'età moderna*, Turin

Cowan, Alex F. (1982) 'Rich and Poor among the Patriciate in Early Modern Venice', *SV*, n. s., 6, 147 – 60

Cowan, Alex F. (1985) 'New Families in the Venetian Patriciate, 1646 –

1718', *Ateneo Veneto* 23

Cowan, Alex F. (1986) *The Urban Patriciate: Lübeck and Venice 1580 – 1700*, Cologne

Cozzi, Gaetano (1958) *Il doge Nicolò Contarini*, Venice and Rome

Cozzi, Gaetano (1959a) 'Appunti sul teatro e i teatri a Venezia agli inizi del '600', *SV* 1, 187 – 92

Cozzi, Gaetano (1959b) 'Paolo Sarpi tra il cattolico Phillippe Canaye de Fresnes e il calvinista Isaac Casaubon'; repr. in Cozzi (1979), 3 – 133

Cozzi, Gaetano (1961) 'Federico Contarini: un antiquario veneziano tra Rinascimento e Controriforma', *SV* 3, 190 – 220

Cozzi, Gaetano (1963 – 4) 'Cultura politica e religione nella pubblica storiografia veneziana', *SV* 5 – 6, 215 – 94

Cozzi, Gaetano (1979) *Paolo Sarpi tra Venezia e Europa*, Turin

Cozzi, Gaetano (1986) 'Venezia, una repubblica de'principi?' *SV*, n. s., 2, 139 – 57

Cracco, Giorgio (1967) *Società e stato nel medioevo veneziano*, Florence

Croll, Morris W. (1921) 'Attic Prose in the Seventeenth Century'; repr. in *Style, Rhetoric and Rhythm*, Princeton 1966, 51 – 101

Cutolo, Alessandro (1953) 'Un diario inedito del doge Leonardo Donà', *Nuova Antologia* 270 – 81

Cuyper, Abraham (1898) *Calvinism*; new edn London 1932

Dahl, Robert A. (1958) 'A Critique of the Ruling Elite Model', *American Political Science Review* 52, 463 – 9

Dahl, Robert A. (1961) *Who Governs?* New Haven

Davids, Karel, Jan Lukassen, and Jan Luiten van Zanden (1988) *De Nederlandse Geschiedenis als Afwijking van het Algemeen Menselijk Patroon*, Amsterdam

Davis, James C. (1962) *The Decline of the Venetian Nobility as a Ruling*

Class, Baltimore

Davis, James C. (1975) *A Venetian Family and its Fortune*, Philadelphia

Dazzi, Manlio, ed. (1956) *Il fiore della lirica veneziana*, 3 vols, Venice

Dekker, Rudolf (1982) *Holland in Beroering*: *Oproeren in de 17de en 18de eeuw*, Baarn

Dekker, Rudolf, and Herman Roodenburg (1984) 'Humor in de zeventiende eeuw', *Tijdschrift voor Sociale Geschiedenis* 35, 243 - 66

Deursen, A. T. van (1974) *Bavianen en Slijkgeuzen*, Assen

Deursen, A. T. van (1978 - 80) *Plain Lives in a Golden Age*, Eng. trans. Cambridge 1991

Dibon, Paul (1954) *La philosophie néerlandaise au siècle d'or*, Paris

Dijk, Henk van, and Daniel J. Roorda (1971) 'Sociale mobiliteit onder regenten van de Republiek', *Tijdschrift voor Geschiedenis* 84, 306 - 28

Dillen, J. G. van, ed. (1929) *Bronnen tot de geschiedenis van het bedrijfsleven en het gildwesen van Amsterdam*, vol. 1, The Hague

Dillen, J. G. van, ed. (1941) *Amsterdam in 1585*: *het kohier der capitale impositie van 1585*, Amsterdam

Dillen, J. G. van, ed. (1958) *Het oudste aandeelhoudersregister van de kamer Amsterdam der Oost-Indische Compagnie*, The Hague

Dillen, J. G. van (1961) 'De West-Indische Compagnie, het Calvinisme en de Politiek', *Tijdschrift voor Geschiedenis* 74, 145 - 71

Dillen, J. G. van (1964) 'Amsterdam's Role in Seventeenth-century Dutch Politics and its Economic Background', in *Britain and the Netherlands*, vol. 2, ed. John S. Bromley and Ernst H. Kossman, Groningen, 133 - 47

Dillen, J. G. van (1970) *Van Rijkdom en Regenten*, The Hague

'Distinzioni segrete che corrono tra le casate nobili di Venezia', anonymous 17th-century Ms, BMV, It. VII. 2220

Dolfin, N. H. B. G. (1924) *I Dolfin*, Milan

Dore, Ronald P. (1965) *Education in Tokugawa Japan*, London

Douglas, Mary (1988) *Constructive Drinking*, London

Dudok van Heel, S. A. C. (1969) 'Het maecenaat de Graeff en Rembrandt', *Amstelodanum Maandblad*

Dudok van Heel, S. A. C. (1991a) 'Adellijke aristocratie in Venetië en burgerlike patriciaat in Amsterdam: het geslacht Donà en de familie Backer', in M. de Roerer (1991), 66 – 85

Dudok van Heel, S. A. C. (1991b) *Van Maagschap tot factie*, Amsterdam

Durand, Yves (1973) *Les républiques au temps des monarchies*, Paris

Ehbrecht, Wilfried, ed. (1980) *Städtische Führungsgruppen und Gemeinde in der werdende Neuzeit*, Cologne and Vienna

Elias, Johan E. (1903 – 5) *De Vroedschap van Amsterdam, 1578 – 1795*, 2 vols, Haarlem

Elias, Johan E. (1923) *Geschiedenis van het Amsterdamsche Regentenpatriciaat*, The Hangue

Elias, Johan E. (1937) *Het Geslacht Elias: een Amsterdamsche Regentenfamilie*, The Hague

Elias, Norbert (1939) *The Civilizing Process*, Eng. trans., 2 vols, Oxford 1978 – 82

Elias, Norbert (1969) *The Court Society*, Eng. trans. Oxford 1983

Elliott, John H. (1984) *Richelieu and Olivares*, Cambridge

Erikson, Erik H. (1950) *Childhood and Society*; rev. edn Harmondsworth 1965

Evenhuis, R. B. (1965 – 7) *Ook dat was Amsterdam*, 2 vols, Amsterdam

Faber, J. A. (1966) 'The Decline of the Baltic Grain-trade in the Second Half of the Seventeenth Century', *Acta Historiae Neerlandicae* 1, 108 – 31

Favaro, Antonio (1883) *Galileo Galilei e lo studio di Padova*, 2 vols, Florence

Favaro, Antonio (1891) ' Galileo Galilei e la presentazione del cannocchiale alla repubblica Veneta', *Nuovo Archivio Veneto* 1, 55 - 75

Favaro, Antonio (1893) ' Un ridotto scientifico in Venezia al tempo di Galileo Galilei', *Nuovo Archivio Veneto* 5, 199 - 209

Favaro, Antonio (1902) 'G. F. Sagredo e la vita scientifica in Venezia', *Nuovo Archivio Veneto*, n. s., 4, 313 - 87

Ferrarius, Omnibonus (1577) *De arte medica infantium*, Brescia

Fockema Andreae, S. J. (1961) *De Nederlandse Staat onder de Republiek*, Amsterdam

Fockema Andreae, S. J. and T. J. Meijer. eds (1968) *Album studiosorum academiae Franekerensis*, Franeker

Frank-van Westrienen, Anna (1983) *De Groote Tour: Tekening van de educatiereis der Nederlanders in de seventiende eeuw*, Amsterdam

Frederiks, J. G., and P. J. Frederiks, eds (1890) *Het kohier van 1631*, Amsterdam

Fremantle, Katherine (1959) *The Baroque Town Hall of Amsterdam*, Utrecht

Freschot, Camille (1709) *Nouvelle relation de la ville et république de Venise*, 3 vols, Utrecht

Fruin, Robert (1889) ' Bijdrage tot de geschiedenis van het burgermeesterschap van Amsterdam tijdens de republiek', *Bijdragen voor Vaderlandsche Geschiedenis*, 3rd ser., 5, 211 - 50

Gaeta, Franco (1964) ' Marcantonio Barbaro', in *Dizionario Biografico degli Italiani*, vol. 6, Rome, 110 - 2

García, Carlos (1617) *La oposición y conjunción de los dos grandes luminares de la tierra, o la antipatia de franceses y españoles*, ed. M. Bareau, Edmonton 1979

Gebhard, J. F. (1881) *Het Leven van mr Nicolaas Witsen*, Utrecht

Gelder, H. A. Enno van (1918) *De Levensbeschouwing van C. P. Hooft*, Amsterdam

Gelder, Roelof van (1993) 'Les messieurs XVII', in Méchoulan (1993), 82 - 102

Georgelin, Jean (1968) 'Une grande propriété en Vénétie au 18e siècle: Anguillara', *Annales: economies, sociétés, civilisations* 27, 483 - 517

Georgelin, Jean (1973) 'Ordres et classes à Venise au 17e et 18e siècles', in *Ordres et classes*, ed. Camille-Ernest Labrousse, Paris, 193 - 7

Georgelin, Jean (1978) *Venise au siècle des lumières*, The Hague

Ginzburg, Carlo (1976) *Cheese and Worms*, Eng. trans. London 1980

Ginzburg, Carlo (1989) *Ecstasies*, Eng. trans. London 1990

Gluckman, Max (1956) *Custom and Conflict in Africa*, Oxford

Goffman, Erving (1959) *The Presentation of Self in Everyday Life*, New York

Grendi, Edoardo (1976) *Introduzione alla storia moderna della repubblica di Genova*, Genoa

Groenhuis, G. (1981) 'Calvinism and National Consciousness: the Dutch Republic as the New Israel', in *Britain and the Netherlands*, vol. 7, ed. Alastair Duke and C. A. Tamse, The Hague, 118 - 33

Gualdo Priorato, Galeazzo (1659) *Scena d'alcuni uomini illustri*, Venice

Haitsma Mulier, Eco O. G. (1980) *The Myth of Venice and Dutch Republican Thought in the Seventeenth Century*, Assen

Haks, Donald (1983) *Huwelijk en gezin in Holland in de 17de en 18de eeuw*; 2nd edn Utrecht 1985

Hale, John R. (1973) 'Military Academies on the Venetian *Terraferma in the Early* Seventeenth Century', *SV* 15, 273 - 95

Haskell, Francis (1963) *Patrons and Painters*; rev. edn New Haven and

London 1980

Havard, Henri (1876) *Amsterdam et Venise*, Paris

Haverkamp-Begemann, Egbert (1982) *Rembrandt: 'The Nightwatch'*, Princeton

Heckscher, William S. (1958) *Rembrandt's 'Anatomy of Dr Nicolas Tulp', an Iconographical Study*, New York

Heemskerck, Johan van (1637) *Batavische Arcadia*, Amsterdam

Hoboken, W. J. van (1960) 'The Dutch West India Company: the Political Background of its Rise and Decline', in *Britain and the Netherlands*, vol. 1, ed. John S. Bromley and Ernst H. Kossman, London, 41 – 61

Hobsbawm, Eric J. (1954) 'The Crisis of the Seventeenth Century'; repr. in *Crisis in Europe 1560 – 1660*, ed. Trevor Aston, London 1965, 5 – 58

Hooft, Cornelis P. (1871 – 1925) *Memoriën en Adviesen*, 2 vols, Utrecht

Hooft, Pieter C. (1626) *Baeto*, Amsterdam

Hooft, Pieter C. (1649) *Rampseligheden der Verheffinge van den huize van Medicis*; new edn Amsterdam 1661

Houbraken, Arnold (1718 – 21) *De Groote Schouwburg van Schildern en Schilderinner*; new edn, 3 vols, Maastricht 1944

Houtzager, D. (1950) *Hollands Lijf-en Losrenteleningen vóór 1672*, Schiedam

Howard, Deborah (1975) *Jacopo Sansovino: Architecture and Patronage in Renaissance Venice*, New Haven and London

Howe, Daniel W. (1972) 'The Decline of Calvinism', *Comparative Studies in Society and History* 14, 306 – 27

Howell, James (1651) *Epistolae Ho-ellianae*, London

Hudde, Joannes (1659) 'De reductione aeguationum' and 'Demaximis et minimis', in René Descates, *Geometria*, ed. F. Schooten, Leiden

Huizinga, Johan (1932) *Dutch Civilization in the 17th Century*, Eng. trans. London 1968

Huizinga, Johan (1938) *Homo Ludens*, Eng. trans. 1949, repr. London 1970

Impey, Oliver, and Arthur Macgregor, eds (1985) *The Origins of Museums: the Cabinet Of Curiosities in 16th-and 17th-century Europe*, Oxford

Israel, Jonathan I. (1985) *European Jewry in the Age of Mercantilism*, Oxford

Israel, Jonathan I. (1989) *Dutch Primacy in World Trade*, Oxford

Ivanovitch, Cristoforo (1681) *Minerva al tavolino*, Venice

Jonge, J. C. de (1852) *Nederland en Venetië*, The Hague

Jongh, Eddie de (1985), review of B. Haak, *The Golden Age*, *Simiolus* 15, 65-8

Kalff, Gerrit (1895) *Literatur en tooneel te Amsterdam in de 17de eeuw*, Haarlem

Kalff, Gerrit (1906 - 12) *Geschiedenis der Nederlandsche Letterkunde*, 9 vols, Groningen

Kellenbenz, Hermann (1958) ' Der italienische Grosskaufmann und die Renaissance', *Vierteljahrschrift für Sozial-und Wirtschaftsgeschichte* 45, 145 - 67

Kernkamp. G. W. (1897) ' Historie en Regeering ', in Bredius et at. (1897 - 1905)

Kernkamp, Johannes Hermann (1931 - 4) *De handel op den vijand 1572 - 1609*, 2 vols, Utrecht

Kistemaker, R., and M. Jonker (1986) *De smaak van de elite*, Amsterdam

Klein, Melanie (1960) *Our Adult World and its Roots in Infancy*, London

Klein, Pieter W. (1965) *De Trippen in de 17de eeuw*, Assen

Knuttel, W. P. C., ed. (1889 – 1920) *Catalogus van de Pamletten Verzameling berustende in de Koninklijke Bibliotheek*, 9 vols, The Hague

Koeman, C. (1970) *Joan Blaeuw and his Grand Atlas*, Amsterdam

Kolakowski, Leszek (1965) *Chrétiens sans église*, Fr. trans. Paris 1969

Le Roy Ladurie, Emmanuel (1966) *The Peasants of Languedoc*, abbreviated Eng. trans. Urbana 1975

Le Roy Ladurie, Emmanuel (1975) *Montaillou*, Eng. trans. London 1976

Leth, Andries de (1719) *De zegepralende Vecht*, Amsterdam

Levi, Cesare Augusto (1900) *Le collezioni veneziane d'arte e d'antichità*, Venice

Levi, Giovanni (1991) 'On Microhistory', in *New Perspectives on Historical Writing*, ed. P. Burke, Cambridge, 93 – 113

Levine, Joseph M. (1977) *Dr Woodward's Shield*, Berkeley

Lewis, Archibald R. (1974) *Knights and Samurai*, London

Litta, Pompeo (1819) *Celebri famiglie italiane*, Milan

Logan, Anne-Marie (1991) 'Kunstenaars, kooplieden en verzamelaars', in M. de Roever (1991), 137 – 55

Logan, Oliver (1972) *Culture and Society in Venice, 1470 – 1790*, London

Loredan, Gianfrancesco (1635) *Discorsi academici*, Venice

Loredan, Gianfrancesco (1676) *Bizarrie academiche*, Bologna

Lowry, Martin J. C. (1971) 'The Church and Political Change in the Later '500', Ph. D. thesis, University of Warwick

Lowry, Martin J. C. (1972) 'The Reform of the Council of Ten', *SV* 14

Lupis, Antonio (1663) *Vita di Gianfrancesco Loredano*, Venice

Luttervelt, Remmet B. R. van (1943) *De buitenplaatsen aan de Vecht*, Utrecht

Luzzatto, Gino (1958) *An Economic History of Italy*, Eng. trans. London 1961

Mabilleau, Léopold (1881) *Cesare Cremonini*, Paris

Macfarlane, Alan (1978) *The Origins of English Individualism*, Oxford

Mallett, Michael E., and John R. Hale (1984) *The Military Organization of a Renaissance State*: Venice, c. *1400 to 1617*, Cambridge

Manfredi, Fulgenzio (1602) *Degnità procuratoria di Venezia*, Venice

Maranini, Giuseppe (1931) *La costituzione di Venezia dopo la serrata del Maggior Consiglio*, Venice

Mastellone, Salvatore (1983) 'Holland as a Political Model in Italy in the Seventeenth Century', *Bijdragen en Mededelingen betreffende de geschiedenis der Nederlanden* 98, 568 – 82

Mattozzi, Ivo (1977) review of Peter Burke, *Venice and Amsterdam*, *SV*, n. s., 1, 217 – 24

Mazzotti, Giuseppe, ed. (1953) *Le ville venete*, Treviso

Mazzotti, Giuseppe (1957) *Venetian Villas*, Rome

Méchoulan, Henry, ed. (1993) *Amsterdam 17e siècle*, Paris

Meier Drees, Marijke (1989) *De treurspelen van Thomas Asselijn*, Enschede

Mills, C. Wright (1956) *The Power Elite*, New York

Misson, François Maximilien (1691 – 8) *Nouveau voyage d'Italie*, 3 vols, The Hague

Molin, Francesco da, 'Compendio', 17th-century MS, BMV, It. Ⅶ. 8812

Molmenti, Pompeo (1879) *History of Venice in Private Life*, Eng. trans. 6 vols, London 1906 – 8

Molmenti, Pompeo (1919) *Curiosità di storia veneziana*, Bologna

Moltke, Joachim Wolfgang von (1965) *Govaert Flink*, Amsterdam

Morgan, Edmund S. (1944) *The Puritan Family*; new edn New

York 1966

Moryson, Fynes (1907 - 8) *An Itinerary*, 4 vols, Glasgow

Moschini, Giovanni Antonio (1842) *La chiesa e il seminario di S. Maria della Salute*, Venice

Mosto, Alvise da (1960) *I dogi di Venezia*, Milan

Mousnier, Roland (1969) *Social Hierarchies*, Eng. trans. New York 1973

Muinck, B. E. (1967) 'A Regent's Family Budget about the Year 1700', *Acta Historiae Neerlandicae* 2, 222 - 32

Muller, Samuel (1941) *Schetsen uit de middeleeuwen*, 2 vols, Amsterdam

Murris, R. (1925) *La Hollande et les hollandais au 17e et au 18e siècle vus par les français*, Paris

Nani, Battista (1662) *Historia della repubblica veneta*, Venice

Nani Mocenigo, F. (1894) *Agostino Nani*, Venice

Nani Mocenigo, Mario (1935) *Storia della marina veneziana da Lepanto alla caduta della repubblica*, Rome

Nicholson, Ralph W. (1969) 'Factions: a Comparative Analysis', in *Political Systems and the Distribution of Power*, ed., Michael Banton, London, 21 - 61

Nielsen, Axel (1933) *Dänische Wirtschaftsgeschichte*, Jena

Nierop, Henk F. K. van (1984) *The Nobility of Holland: from Knights to Regents, 1500 - 1650*, Eng. trans. Cambridge 1993

Notestein, Robert B. (1968) 'The Patrician', *International Journal of Comparative Sociology* 9, 106 - 20

Oldewelt, Willem F. H., ed. (1945) *Het kohier van 1742*, Amsterdam

Ossowski, Stanislaw (1957) *Class Structure in the Social Con-sciousness*, Eng. trans. London 1963

Overbeke, Aernout van (1991) *Anecdota sive historiae jocosae*, ed. Rudolf Dekker and Herman Roodenburg, Amsterdam

Pareto, Vilfredo (1916) *The Mind and Society*, Eng. trans. London 1935

Parival, Jean Nicolas de (1661) *Les délices de la Hollande*; rev. edn Amsterdam 1669

Parker, Geoffrey, and Lesley M. Smith, eds (1978) *The General Crisis of the Seventeenth Century*, London

Parry, Geraint (1969) *Political Elites*, London

Parry, Jonathan (1984) *Aristocracy*, London

Paruta, Paolo (1579) *Perfettione della vita politica*, Venice *Patriziati e aristocrazie* (1978), Trento

Piccioli, Francesco Maria (1685) *L'Orologio del piacere*, Piazzola

Piccioli, Francesco Maria (1679) *Le Amazzone nell'isole fortunate*, Padua

Piovene, Guido, and L. Magagnato, eds (1960) *Ville del Brenta nelle vedute di Vincenzo Coronelli e Gianfrancesco Costa*, Milan

Pomian, Krzysztof (1987) *Collectors and Curiosities: Paris and Venice, 1500 - 1800*, Eng. trans. Cambridge 1990

Porta, Antonio (1975) *Joan en Gerrit Corver: de Politieke Macht van Amsterdam*, Assen

Porter, Roy (1991) 'The History of the Body', in *New Perspectives in Historical Writing*, ed. Peter Burke, Cambridge

Posthumus, Nicolaas W. (1943 - 64) *Nederlandsche Prijsgeschiedenis*, 2 vols, Leiden

Prak, Maarten, J. de Jong, and L. Kooijmans (1985) 'State and Status in the Eighteenth Century', in Schilling and Diederiks (1985), 183 - 93

Price, J. Lesley (1974) *Culture and Society in the Dutch Republic during the Seventeenth Century*, London

Pullan, Brian S. (1963 - 4) review of James C. Davis (1962), *SV* 5 - 6, 406 - 25

Pullan, Brian S. (1964) 'Service to the Venetian State: Aspects of Myth and Reality in the Early Seventeenth Century', *Studi Secenteschi* 5, 95 – 147

Pullan, Brian S., ed. (1968) *Crisis and Change in the Venetian Economy in the 16th and 17th Centuries*, London

Pullan, Brian S. 1971 *Rich and Poor in Renaissance Venice*, Oxford

Pullan, Brian S. (1973) 'The Occupations and Investments of the Venetian Nobility in the Middle and Late Sixteenth Century', in *Renaissance Venice*, ed. John R. Hale, London, 379 – 408

Puppi, Lionello (1973) *Andrea Palladio*, Eng. trans. London 1975

Quondam, Amedeo (1982) 'L'accademia', in *Letteratura Italiana*, ed. Alberto Asor Rosa, vol. 1, Turin, 823 – 98

Raeff, Marc (1966) *Origins of the Russian Intelligentsia: the Eighteenth-century Nobility*, New York

Rapp, Richard T. (1975) 'The Unmaking of the Mediterranean Trade Hegemony', *Journal of Economic History* 35, 499 – 525

Rapp, Richard T. (1976) *Industry and Economic Decline in Seventeenth-century Venice*, Cambridge, MA

Rapp, Richard T. (1979) 'Real Estate and Rational Investment in Early Modern Venice', *Journal of European Economic History* 8, 269 – 90

Ravesteyn, Willem van (1906) *Onderzoekingen over de economis-che en sociale ontwikkeling van Amsterdam*, Amsterdam

Reael, Laurens (1651) *Observatien aen de magnetsteen*, Amsterdam

Redlich, fritz (1958) 'Toward Comparative Historiography', *Kyklos* 11, 362 – 88

Relatione 1. 'Relatione della città e repubblica di Venezia', anonymous 17th-century MS, BL, Add. 10, 130

Relatione 2. 'Relatione del Politico governo di Venezia', anonymous

17th-century MS, BL Add. 18, 660

Relatione 3. 'Relatione di tutti le renditi e spese che la repubblica di Venezia ordinariamente cava', anonymous 17th-century MS, BL, Add. 18, 660

Renier, Gustaaf J. (1944) *The Dutch Nation*, London

Rhede van der Kloot, M. A. van (1891) *De gouverneurs-generaal van Nederlands-Indië*, The Hague

Ridolfi, Carlo (1648) *Le maraviglie dell'arte*, 2 vols, Venice

Rietbergen, Peter J. A. N. (1986) 'Witsen's World', in *All of One Company: the VOC in Biographical Perspective*, ed. R. Ross and G. D. Winius, Utrecht

Rieu, W. N. du, ed. (1875) *Album studiosorum academiae Lugduni Batavae*, The Hague

Roche, Daniel (1989) *La culture des apparences: une histoire du vêtement, 17e-18e siècles*, Paris

Rodenwalt, Ernst (1957) 'Untersuchungen über die Biologie des venezianisches Adels', *Homo* 8, 1–26

Roever, Margriet de, ed. (1991) *Amsterdam: Venetië van het Noorden*, Amsterdam

Roever, Nicolaas de, ed. (1882) *Album Academicum van het Athenaeum Illustre*, Amsterdam

Roever, Nicolaas de (1889) 'Tweeërlei Regenten', *Oud-Holland* 7, 63–88

Rohan, Duc de (1661) *Mémoires*, 2 vols, Paris

Roldanus, Cornelia Wilhelmina (1931) *Coenraad van Beuningen*, The Hague

Romanin, Samuee (1853–61) *Storia documentata di Venezia*, 10 vols, Venice

Romano, Ruggiero （1968） 'Italia nella crisis del secolo xvii', *Studi Storici* 9, 723 - 41

Romein, Jan （1934） *De lage landen bij de Zee*, Utrecht

Roodenburg, Herman （1990） *Onder Censuur: de kerkelijke tucht in de gereformeerde gemeente van Amsterdam, 1578 - 1700*, Hilversum

Roorda, Daniel J. （1961） *Partij en factie*, Groningen

Roorda, Daniel J. （1964） 'The Ruling Class in Holland in the Seventeenth Century', in *Britain and the Netherlands*, vol. 2, ed. John S. Bromley and Ernst H. Kossman, Groningen, 109 - 32

Rosa, Salvatore （1939） *Lettere inedite*, ed. A. de Rinaldis, Rome

Rose, Charles J. （1974） 'Marc Antonio Venier, Renier Zeno and the Myth of Venice', *The Historian* 36, 479 - 97

Rosenberg, Hans （1958） *Bureaucracy, Aristocracy and Autocracy: the Prusian Experience 1660 - 1815*, Cambridge, MA

Rowen, Herbert H. （1986） *John de Witt*, Cambridge

Sagredo, Giovanni （1655） （under the pseudonym Ginnesio Gavardo Vacalerio） *Arcadia in Brenta*; new edn Venice 1669

Sagredo, Giovanni （1673） *Memorie istoriche de' monarchi ottomani*, Venice

Saint-Didier, Alexandre Limojon de （1680） *La ville et la république de Venise*, 3nd edn, Amsterdam

Sansovino, Francesco （1663） *Venetia città nobilissima*, rev. by G. Martinioni, Venice

Sarpi, Paolo （1624） *Istoria dell'interdetto*; repr. Bari 1940

[Sarpi, Paolo, attributed] （1788） *Opinione toccante il governo della repubblica veneziana*, London

Savelli, Rodolfo （1981） *La repubblica oligarchica*, Milan

Savini-Branca, Simona （1964） *Il collezionismo veneziano nel' 600*, Padua

Sayous, André E （1940） 'Le patriciat d'Amsterdam', *Annales d'histoire* sociale, 177 - 98

Scamozzi, Vincenzo (1615) *Idea dell'architettura universale*, Venice

Scazzoso, Mario (1985) 'Nobiltà senatoria e nobiltà minore a Venezia fra sei e settecento', *Nuova Rivista Storica* 69, 503 - 30

Schaep, Gerard (1655) 'Alloquium ad filios'; repr. in *Bijdragen en Mededelingen van de Historische Genootschap* 16 (1895), 333 - 71

Schama, Simon (1987) *The Embarrassment of Riches*, London

Schilling, Heinz, and Herman Diederiks, eds (1985) *Bürgerliche Eliten*, Cologne and Vienna

Schöffer, Ivo (1964) 'Did Holland's Golden Age Coincide with a Period of Crisis?', Eng. trans. in Parker and Smith (1978), 83 - 109

Schöffer, Ivo (1968) 'La stratification sociale de la république des Provinces-Unies au 17e siècle', in *Problèmes de Stratification Sociale*, ed. Roland Mousnier, 121 - 32

Schöffer, Ivo (1975) 'The Batavian Myth', in *Britain and the Netherlands*, vol. 5, ed. John S. Bromley and Ernst H. Kossman, The Hague, 78 - 101

Scholte, J. H. (1916) 'Philipp von Zesen', *Jaarboek Amstelodanum* 14

Schraa, P. (1954) 'Onderzoekingen naar de bevolkingsomvang van Amsterdam, 1550 - 1650', *Jaarboek Amstelodanum* 46, 1 - 27

Schumpeter, Joseph (1943) *Capitalism, Socialism and Democracy*, London

Schwartz, Gary (1985) *Rembrandt: his Life, his Paintings*, New York

Selden, John (1892) *Table-talk*, Oxford

Sella, Domenico (1957) 'The Rise and Fall of the Venetian Woollen Industry', rev. Eng. version in Pullan (1968), 106 - 26

Sella, Domenico (1959) 'Crisis and Transformation in Venetian Trade', rev. Eng. version in Pullan (1968), 88 - 105

Sella, Domenico (1961) *Commerci e industrie a Venezia nel secolo xvii*,

Venice and Rome

Seneca, Federico (1959) *Leonardo Donà*, Padua

Sidney, Henry (1843) *Diary of the Times of Charles II*, ed. R. W. Blencowe, 2 vols, London

Simioni, A. (1968) *Storia di Padova*, Padua

Six, Jan (1648) *Medea*, Amsterdam

Skocpol, Theda (1979) *States and Social Revolutions*, Cambridge

Smith, Adam (1776) *Wealth of Nations*; I used the London 1904 edn

Snowman, Daniel (1977) *Kissing Cousins*, London

Spierenburg, Pieter (1981) *Elites and Etiquette*, Rotterdam

Spierenburg, Pieter (1984) *The Spectacle of Suffering*, Cambridge

Spini, Giorgio (1950) *Ricerca dei libertini*; 2nd edn Florence 1983

Stella, Aldo (1956) 'La crisi economica veneziana della seconda metà del secolo xvi', *Archivio Veneto* 58 − 9, 17 − 69

Stella, Aldo (1964) *Chiesa e stato nelle relazioni dei nunzi pontifici a Venezia*, Vatican City

Stella, Aldo (1967) *Dall'anabattismo al socianesimo nel' 500*, Padua

Stone, Lawrence (1965) *The Crisis of the English Aristocracy (1558 − 1641)*, Oxford

Stone, Lawrence (1971) 'Prosopography', repr. in *The Past and the Present Revisited*, London 1987, 45 − 73

Storia della cultura veneta (1981 − 5), vols 3 − 5

Tafuri, Manfredo (1985) *Venice and the Renaissance*, Eng. trans. Cambridge, MA, 1989

Tagliaferri, Amelio, ed. (1984) *I ceti dirigenti in Italia*, Udine

Taviani, Francesco, ed. (1970) *La commedia dell'arte e la società barocca: la fascinazione del teatro*, Rome

Temple, William (1673) *Observations upon the United Provinces*, ed.

George N. Clark, Cambridge 1932

Tenenti, Alberto (1959) 'Il *De perfectione rerum* di Nicolò Contarini', *SV* 1, 155 – 66

Tenenti, Alberto (1961) *Piracy and the Decline of Venice*, Eng. trans. London 1967

Terpstra, H. (1960) *Jacob van Neck*, Amsterdam

Thijssen-Schoutte, C. Louise (1954) *Nederlands Cartesianisme*, Amsterdam

Thomas, Keith V. (1977) 'The Place of Laughter in Tudor and Stuart England', *Times Literary Supplement* 21 January

Thompson, Edward P. (1963) *The Making of the English Working Class*, London

Tiepolo, Giovanni (1617) *Trattato delle santissime reliquie ultimamente ritrovate nel santuario della chiesa di San Marco*, Venice

Tomasi di Lampedusa, Giuseppe (1958) *Il gattopardo*; new edn Milan 1966

Trevelyan, George M. (1942) *English Social History*, London

Trevisan, Bernardo (1704) *Meditazioni filosofiche*, Venice

Trip, Joannes (1681) *Oratio metrica de civium concordiae necessitate*, Amsterdam

Tulp, Nicolaes (1641) *Observationes medicae*, Amsterdam

[Venier, Zuanantonio, attributed] 'Storia delle rivolutioni seguite nel governo della Repubblica di Venezia', 17th-century MS, BCV, Cicogna 3762

Ventura, Angelo (1964) *Nobiltà e popolo nella società veneta del' 400 e' 500*, Bari

Ventura, Angelo (1968) 'Consideration sull'agricoltura veneta nei secoli xvi e xvii', *Studi Storici* 9, 674 – 722

Ventura, Angelo (1969) 'Aspetti storico-economici della villa veneta',

Bollettino Centro Andrea Palladio 11, 65 – 75

Vianello, Nereo (1957) 'Il veneziano, lingua del foro veneto', *Lingua Nostra* 18, 67 – 73

Vingboons, Philips (1688) *Gronden en afbeeldsels dervoornaamste gebouwen*, Amsterdam

Völger, G., and Karen v. Welck, eds (1990) *Männerbande, Männerbünde*, Köln

Vondel, Joost van (1662) *Batavische Gebroeders*, Amsterdam

Vos, Jan (1726) *Alle de Gedichten*, Amsterdam

Vossius, Gerard (1632) 'De historiae utilitate'; repr. in *Opera Omnia*, vol. 4, Amsterdam 1699, 94 – 9

Waal, Henri van de (1952) *Drie eeuwen vaderlandsche Geschieduitbeelding*, The Hague

Waard, C. de (1911) 'Joannes Hudde', *NNBW*, vol. 1, Leiden

Wagenaar, Jan(1779) *Amsterdam*, Amsterdam

Wiel, Taddeo (1880) *I codici musicali contariniani*, Venice

Wilson, Charles (1970) *Queen Elizabeth and the Revolt of the Netherlands*, London

Witsen, Nicolaes (1671) *Scheepsbouw en bestier*, Amsterdam

Witsen, Nicolaes (1705) *Noord en Oost Tartarye*, 2nd edn, Amsterdam

Witsen, Nicolaes (1872) 'Kort verhaal van mijn levensloop', in *Aemstel's Oudheid*, ed. P. Scheltema, vol. 6, 40 – 51

Witsen, Nicolaes (1966 – 7) *Moscovische Reyse, 1664 – 5*, ed. T. J. G. Locher and P. de Buck, 3 vols, The Hague

Woolf, Stuart J. (1962) 'Venice and the *Terraferma*', in Pullan (1968), 175 – 203

Wootton, David (1983) *Paolo Sarpi*, Cambridge

Worp, Jacob Adolf (1879) *Jan Vos*, Groningen

Worp, Jacob Adolf (1904 – 8) *Geschiedenis van het drama in Nederland*, 2 vols, Groningen

Worsthorne, Simon T. (1954) *Venetian Opera in the 17th Century*, Oxford

Woude, A. M. van der (1972) 'Variations in the Size and Structure of the Household in the United Provinces of the Netherlands in the Seventeenth and Eighteenth Centuries', in *Household and Family in Past Time*, ed. Peter Laslett, Cambridge, 299 – 318

Yriarte, Charles (1885) *Un patricien de Venise*, Paris

Zeno, P. A. (1662) *Memoria de' scrittori veneti patritii*, Venice

Zesen, Philipp von (1645) *Adriatische Rosemund*, Amsterdam

Zesen, Philipp von (1664) *Beschreibung der Stadt Amsterdam*, Amsterdam

Zumthor, Paul (1959) *Daily Life in Rembrandt's Holland*, Eng. trans. London 1962

索　引

(此处页码为本书边码)

A

B

C

E

East India Company, *see*, *VOC* 东印度公司(参见 *VOC*)

*Egbertszoon, Sebastian 埃格贝茨宗,塞巴斯蒂安 117

Eglantine (De Egelantier) 雅社(雄辩社) xxiv, 118, 119

Elias, Johan E., 埃利亚斯,约翰 E., 7, 66

Elias, Norbert 埃利亚斯,诺贝特 xxi – xxii

Elliott, John, H., 埃利奥特,约翰 H., xiii

Emden 埃姆登 107

Emilio, Paulo 埃米利奥,保罗 100

empire, Venetian, see *terraferma* 威尼斯帝国(参见"陆地领土")

empiricism 经验论 98, 103

Enkhuizen 恩克赫伊增 66

entrepreneurs 企业家 2, 4, 52, 58, 66, 69, 128 – 131

Erasmus 伊拉斯谟 108

Erikson, Erik H., 埃里克松,埃里克 H., xviii, 90

*Erizzo, Francesco 埃里佐,弗朗切斯科 xxi, 28, 29, 33 – 35, 41, 75

estate society 等级社会 11, 12, 15, 16

Este family 埃斯特家族 12

Este, Luigi de' 埃斯特,路易吉·德 33

F

faction 派系 22, 37, 38, 40, 45, 49, 92, 105, 109

Family 家庭

    extended 大家族(扩展家庭) 85, 87

    nuclear 核心家庭 88 – 90

Farnese, Alessandro 法尔内塞,亚历山德罗 33

fattori 经理 60, 61

fedecommessi 限定继承制 28

Ferrara 费拉拉 91

Ferrari, Luca 费拉里,卢卡 121

feud 世仇 xviii, 38

Filaleti (truth-lovers) "爱真理者学会" 97

*Fini, Vincenzo 菲尼,文琴佐 xxii, 25, 113

Flinck, Govert 弗林克,霍弗特 100, 123

florin, value of 弗罗林 69

*Foscarini, Giacomo 佛斯卡里尼,贾科莫 55, 58, 88, 106

*Foscarini, Zuanbattista 佛斯卡里尼,祖安巴蒂斯塔 55

M

Q

R

S

T

taxation 税收 13 – 16，30，44，52，62 – 65

telescope 望远镜 98

Temple, William 坦普尔，威廉 16，68，78

terraferma，陆地领土 7，32，33，59，60

*Teylingen, C. van 泰林根，C.，范 22

theatre 戏剧 115，120

*Tholincx, Diederick 托林克斯，迪德里克 25，43

Thompson, Edward P., 汤普森，爱德华 2

Thucydides 修昔底德 99

*Tiepolo, Almoro 提埃坡罗，阿尔莫罗 55

Tiepolo, Gianbattista 提埃坡罗，詹巴蒂斯塔 113

*Tiepolo, Polo 提埃坡罗，波洛 95，105

Tiepolo, Zuan 提埃坡罗，祖安 106

Tinelli, Tiberio 蒂内利，蒂贝里奥 120

Tintoretto, Jacopo 丁托列托，雅各布 113

Tirali, Andrea 蒂拉里，安德烈亚 121

total history 整体史 xviii

travel 旅行 87，88，92

Tremignon, Alessandro 特雷米农，亚历山德罗 121

Trent, Council of 特伦特宗教大会 107，108

Trevelyan, George Macaulay 屈威廉，乔治·麦考利 1

Trevisan, Bernardo 特雷维桑，贝尔纳多 98

Treviso 特雷维索 40，53，59

Trip, Ann Maria 特里普，安·玛利亚 78

*Trip, D., 特里普，D., 72

Trip, E., 特里普，E., 63

Trip, Jacob 特里普，雅各布 123

*Trip, Louys 特里普，路易 22 – 24，68，78，118，123

Trip, Margareta (de Geer) 特里普，玛加丽塔（德·吉尔）123

*Trip Nicolaes 特里普，尼古拉斯 123

Tron family 特龙家族 61

Troost, Cornelis 特罗斯特，科内利斯 78

*Tulp, Nicolaes 蒂尔普，尼古拉斯 23，24，66，78，90，99，101，110，117，118，120

Twelve Yeas' Truce 十二年休战 47

U

Uskoks 乌斯科克 33，132

Utrecht, Union of 乌特勒支联盟 46

V

W

X

Y

Z

图书在版编目(CIP)数据

威尼斯与阿姆斯特丹:十七世纪城市精英研究 /
(英)柏克著;刘君译,刘耀春校.—北京:商务印书馆,2014
ISBN 978 - 7 - 100 - 08963 - 0

Ⅰ.①威… Ⅱ.①柏… ②刘… Ⅲ.①名人—
人物研究—欧洲—17 世纪 Ⅳ.①K835

中国版本图书馆 CIP 数据核字(2014)第 058820 号

威尼斯与阿姆斯特丹:十七世纪城市精英研究

[英]彼得·柏克 著 刘 君 译 刘耀春 校

商 务 印 书 馆 出 版
(北京王府井大街36号 邮政编码100710)
商 务 印 书 馆 发 行
山东临沂新华印刷物流集团
有 限 责 任 公 司 印 刷
ISBN978-7-100-08963-0

2014 年 5 月第 1 版 开本 640×960 1/16
2014 年 5 月第 1 次印刷 印张 14
定价:32.00 元